社交无用

如何建立有效的社交网络

NETWORKING IS NOT WORKING

STOP COLLECTING BUSINESS CARDS
AND START MAKING MEANINGFUL CONNECTIONS

[美] 德里克·科伯恩◎著

张暾◎译

中国财政经济出版社

图书在版编目（CIP）数据

社交无用 /（美）科伯恩著；张暾译. —北京：中国财政经济出版社，2015.10

ISBN 978-7-5095-6369-4

Ⅰ. ①社… Ⅱ. ①科…②张… Ⅲ. ①心理交往-通俗读物 Ⅳ. ①C912.1-49

中国版本图书馆 CIP 数据核字（2015）第 191697 号

责任编辑：郭爱春　　责任印制：刘春年
责任校对：李　丽　　版式设计：丁丁图文

中国财政经济出版社出版
URL：http://www.cfeph.cn
E-mail：cfeph@cfeph.cn

社址：北京市海淀区阜成路甲 28 号　邮政编码：100142
营销中心电话：010-88190406　北京财经书店电话：010-64033436
北京时捷印刷有限公司印刷　各地新华书店经销
880×1230 毫米　32 开　6.5 印张　87 000 字
2015 年 10 月第 1 版　2015 年 10 月北京第 1 次印刷
定价：39.00 元
ISBN 978-7-5095-6369-4 / C·0056
（图书出现印装问题，本社负责调换）
本社质量投诉电话：010-88190744
反盗版举报热线：88190492　88190446

Networking
Is
Not
Working

目　录

王子奇遇记

我是个“家里蹲”，以前办过几家小公司，也曾经为多家大型公司做过咨询。而今人过中年，还是一事无成，找份体面的正式工作，一份成年人该做的工作，对我来说成了天方夜谭。

我的业务全部靠社交。如果没有朋友、同事的支持，我早失去了经济来源。因此，我只能全力打拼。在这一点上，我和鲨鱼很像，只能一直往前游，停下来只有死路一条。

正是基于此，我对社交特别挑剔：无论在选择社交类的图书还是参加活动，都是如此。我曾经阅读了很多烂书，参加过数以千次的无聊聚会。我现在尝试着把它们都从我的世界屏蔽掉。然后，我遇见了德里克·科伯恩（Derek Coburn）。

有一次，德里克邀请我参加了他举办的活动，那简直是另外一个世界：

* 德里克为我带来了收益。他自费购买了我的书，换取和我面谈的机会（第一个胜利）；

* 德里克郑重地为我介绍他社交圈子里的成员。他们都是处事谨慎、追求发展的同行（第二个胜利）；

* 他们每个人都购买了我的书，还为我带来很多潜在客户（第三个胜利）；

* 德里克把我也列在他个人的圣诞节混合CD的邮递名单上（第四个胜利）；

* 德里克在我举办的几次活动中发表了演说（第五个胜利）；

* 我幸运的与德里克太太梅勒妮（Melanie）聊天，并从 Instagram 上看到他家人的照片（第六个胜利），等等。

社交达人与那些只知道到处发名片的人不同，前者能给更多人带去收益。德里克继续传递着无边的价值。这是他的第一目标，也是唯一目标。哦，我差点忘了说，德里克为我介绍了他的一个朋友——脊椎按摩师 / 运动医学家杰伊 · 格林斯坦（Jay Greenstein）博士，他后来在 Skype 上帮助过我（第七个胜利）。你看，这样的事不胜枚举。

如果你想学习如何在生活中建立自己的社交圈子，搭建广阔的关系网，这个就是榜样。德里克在华盛顿特区社交圈里就像一位王子，或者说像一个国王，他带给大家美好的经历和各种各样的机遇。而他从中得到了什么呢？他赢得了现在的身份和地位。

《社交无用》是德里克倾心打造的一本图书，书中详细介绍了他如何为客户和他人带去价值。书中不仅充满了正能量，还包括他自己的经验教训。

我希望越来越多的人能认真地阅读这本书，按照书中的建议去实践，实践才是王道。从书中汲取营养，在现实中进行实践，建立起自己的社交圈。

按着我的建议，我们会用一种更有效的方式合作，毕竟我跟鲨鱼一样，没有时间和生命让我停下来。这样对你我都公平，你觉得呢？

克里斯·布罗根（CHRIS BROGAN）

《所有者》杂志出版商，《纽约时报》畅销书作家

Networking
Is
Not
Working

前 言

现在是周四晚上 11 点 30 分，我刚参加完今天的第二场社交活动。在那儿待了 5 个多小时，疲惫到了极点。与往常一样，依然没有新意。现在的我只想一头钻到被窝里，但是邮箱里还有很多尚未回复的客户邮件提醒我，现在还不是睡觉的时候。

2008 年，美国爆发了自 30 年代“大萧条”以来最严重的金融危机。那时我经营着一家财富管理公司，由于股票市场狂跌了 40%，我的客户的资产只能听任股票市场的摆布，那时他们比任何时候都需要我。

而我也需要他们。我急需新客户来抵消不断下滑的利润，因为我们的收入与客户的资产配置直接挂钩。虽然我们已经比大多数公司的处境好很多，但是20%–30%的利润损失我们依然无法承受，特别是还有房租要缴，工资要付，那么多人还指望我养活。公司处境困难，支票也不如往常开得那么利索，但是我们始终没有在他人面前显得狼狈。

幸运的是，我当时已经培养出一个优秀的客户群，这是我10年间每周工作80多个小时换来的。早些年，当时我还是个毛头小伙子，每天就像电话推销机一样工作，那段岁月真是漫长而绝望。随着我的客户规模不断增加，我越来越迫切地希望找到一种更有效的拓展客户的方式。

像大多数生意场上的人一样，那时我认为最好的业务开拓方式就是社交。我参加社交活动，把这些活动看成扩展客户群的机会，当然我并不指望他们能一下子就可以接受我，我做好了打持久战。当我听到他们说：“天啊！我来这儿就是要找个财务顾问的，我怎么才能马上把钱打给你呢？”我并没有陷入自己的错觉，认为他们会马上成为我的客户。

我有自己的计划，我认为自己应该认识更多的商业精英，这样对于我的事业才更有价值，因为他们会为我带来更多真正优质的新客户。不幸的是，这样的想法几乎没有实现过。我从书上看到的和听别人讲到的关于社交的建议精细繁复，可是为什么都不管用呢？我一直在收取别人的名片，不断来往穿梭于客户见面会和各种社交活动之间，那些理论和经验我一直在践行着，但是却始终无法获得书中所描述的那样的成功。到底哪里做错了？

后来，直到我把参加社交活动的时间，全部投入到全心全意为客户服务之后，我才发现，以前的方法是根本没用的。

我发现，为维护与客户长期合作关系而付出的时间代价与这种关系给我带来的回报根本不成正比。更糟的是，如果不牺牲时间我还根本做不到这种水平，而这些时间本应该奉献给我已经拥有的客户。时间，无比宝贵，我却如此挥霍。

我当时的处境用“塞翁失马，焉知非福”来形容真是再贴切不过了。我不得不重新审视自己从商的初衷：让我现有客户享受最棒的体验，然后吸引更多客户慕名前来。我意识到，如果我想达到这种效果，就必须彻底改变现在的所作所为。因此，我开始彻底地、不遗余力地、千方百计地筛选能实现我目标的最有效的方法。

之后，我从这个过程中总结出了非传统社交策略的大框架。在短短18个月内，这些策略让我的收入疯涨了3倍。毫无悬念，那些烦冗、传统的社交活动不在我的考虑之列。我称这些策略的基石为“非社交”。本书会为您展示我独特的、反直觉的创造这种“社交圈”[①]的步骤。我的社交组组员从事25种精心挑选的职业，我可以通过这种封闭的、预设的条件，建立有价值的联系，为我的社交网络中的人创造更多机会。最后，本书还会传授一些具体方法：如何把您为组员创造的价值，转变成您自己业务中的更加完美的客户。

这些策略构成了本书的核心内容。

---

① 在我的经历中，成功来自于这个圈子，它使我在华盛顿创造出一个“非社交”的团体，我称这个团体为“骨干”，我和我的妻子 Melanie 是其联合创始人。写作本书之时，我的团体里有100多位CEO和企业老板，这些人都是这个团体中的会员，而且我们已经开始开拓其他城市。

本书为谁而作？

我要开门见山地告诉你：除非你足够开放包容，勇于冲破旧思维的束缚，乐于拥抱新思维，否则本书可能帮不上你的忙。如果你希望我告诉你通过社交活动直接获得业务的诀窍，或者你只是在寻找一份新工作，那么本书所有我和你分享的经验和知识对你而言都没有用。

把上述目标融入社交活动中，这虽然没有什么错，但如果这就是你的终极目标的话，这本书可能没有办法帮到你。

我提供的是一种选择，与你现在的社交策略不同的选择。我主要通过对大型社交活动的批判来和你分享我的经验，同时，本书将主要精力集中在一些非传统的社交策略上。书中运用的这些策略其目的是以下三件事之一（有时是同时）：

- 增加提供给最优质客户的价值，包括数量和质量。
- 识别并和那些杰出的相关专业人士建立关系。
- 合理定位自己，以获得更多高质量推荐，从而认识潜在的理想客户。

在实践中运用这些策略之后，我便开始能为现存客户带来更多的价值。我变得更高效，我的客户的质量、我的生活，都发生了巨大改变。我坚信，如果沿着我的脚印前进，你们将会取得和我一样的成功。

如何使用本书

《社交无用》由两部分组成：第一部分包括两章，将在一个更高的层次讨论社交——传统社交的弊端，以及人生当中影响我转变的关键经验。第二部分类似于指导手册，手把手教你如何将非传统的社交策略应用到实践中。利用我创造的“连接人”的概念，我做了一个“路标地图”，告诉你怎样成为“连接人”，以及这会给你的事业和生活带来怎样的改变。

绝大部分我介绍的利用“连接人”的社交方法都是个性化的。也就是说，如果你只想选择适合你的，那没有问题。我把这些方法都展示出来，以便我所定义的社交概念更加完整。如果你是乐于帮助别人的超级“连接人”，并且愿意充分吸收我的社交策略的精髓，就让本书成为你的指南吧！

第一章
传统社交为什么没用？

社交无用
Networking
Is
Not
Working

大家之所以认为社交没有什么用，原因有很多。实际上，大部分人是对社交活动本身不满意。大型的传统社交活动是历史悠久的社交组织形式，已经成为被广泛接受的专业社交方式，所以，通常的社交建议只是告诉你当你参加社交活动时，该如何利用这样的机会，而不是探讨该不该参加社交活动的问题。在理论上，社交活动是商务拓展的最佳手段之一。社交活动就是一大群和你一样的人（商业精英）聚集在一处，和你一起寻找相同的东西（客户和商机）。就像一只装满鱼的木桶，每个人手里都拿着鱼竿对着这只木桶，随时等待收竿捕鱼。社交活动中蕴含的商业逻辑无可指摘。社交活动必须追求规模，这个原则得到了广泛认同，获得了像印度神牛那样崇高的地位。但是问题随之而来：结局几乎总是与你想要的结果背道而驰。当大多数参加社交活动的商业精英开始意识到迅速减少的投资收益之后，对社交本身的怀疑就产生了。

很多人认为，社交对成功的意义非凡，然而当你向20个认同这个观点的人询问“社交”这个词的确切含义时，你却会得到20个不同的答案：商业开发、焦虑感、找工作、性格外向、厚黑学。

虽然每一种阐述都没错，但差别很大。

《韦伯斯特词典》的解释是这样的：个人、团体、组织之间的信息或者服务的交换；特别是职场或者商业关系的培养。

“词典的解释还不错，但仍不太明确。”我认为，前面那20个人的回答很大程度上会跟词典的解释大相径庭。

为了与大家的讨论有统一的起点，我将给出我对“社交”的定义，希望能与大家形成共识。之后的整本书中，当提到“社交”这个词时，所指的都是现在给出的定义。

社交：任何能够增加人际圈的价值，和/或增加你为人际圈所做工作价值的活动。

无论如何定义社交，你成功的高度和你人际交往的能力高度相关，你所交往的都是行业精英，他们与你一样都是在商业领域为实现目标而奋斗的人。然而，如果你依赖大型社交活动进行人际交往，你会很难得到满意的结果。无论接受与否，固有的观念实际上已经束缚住了你。

社交活动——商机夜总会

传统社交活动最根本的问题在于参与的人员龙蛇混杂，参与活动的原因也是五花八门。无论你如何分门别类，参加活动的每个人都会按照自己的目的各司其职：有的人为了签约新的客户、创造新的商业机会，有的人为了寻找可以互利共赢的合作伙伴。这实际上是一场“自私自利”的游戏，因为每个人的目的并不完全相同，所以也不会有明确的赢家。

我曾参加过一场社交活动，当时一位小伙子向我走来并做自我介绍。自我介绍是精心设计的，每个人都有自己独特的方式——直奔主题的陈述，或者一场快速的电梯游说。这个小伙子跟其他人没有什么区别，按部就班的做完自我介绍，然后和我持续聊了四分多钟关于他自己的事。虽然我不是花钱来听演讲的，但还是要连续听别人絮叨四分钟。当你期待你们之间会有互动交流的时候，这种单向的演说实在不应该发生。真正的交流需要双方积极投入，相互尊重，轮流表达和倾听。一分钟高谈阔论之后，我明显已经走神，所以我选择退出我们的交谈。结束的时候，小伙子递给我一张他的名片，然后就离开了。

也许经常参加社交活动的人遇到的情况并不像我所经历的那样糟糕，但是有些问题是一致的：参加活动的人都在寻找快速的认同。因为他们想马上成功，所以错误的定义了成功以及成功的大小，如约了多少新的“潜在”客户、预定了多少场会谈等。

最近,《华尔街日报》刊登了一篇文章，加里维纳查克（Gary Vaynerchuk）——社交圈和商业圈的大师——陈述的就是上文中提到的社交观点。这提醒我们不要认为："好的社交是按分发出去的名片数量来计量的；把名片递给参与活动的人总会有意义或者有用的"。加里对钱的看法是对的，他说"有效的社交游戏的玩法与参与者的直觉相反，直觉告诉我们要耐心和慢慢积累，不能一次完成。我们为无畏和勇气欢呼，而不是耐心和价值"。

在与我的四分钟"互动"过程中，名片上这位比利（Billy）没有询问过我的名字，也没有耐心了解我的公司业务是什么。实际上，他什么也没问，只是把注意力完全集中在他此次参加活动的目的上——告诉任何想听他倾诉的人关于他的事——以至于他完全忽略了"我"的存在。这个小伙子让我想起贝蒂·米德勒（Bette Midler）在电影《海滩》中所饰演角色的一句话："我的事说得够多了，说说你吧。你觉得我怎么样？"

那个小伙子并没有像其他人一样给我身上洒下什么乱七八糟的东西，这是他给我留下的唯一称得上优雅的印象。

有太多人喜欢在你身边张牙舞爪的介绍自己有多出色，他们通常手持一杯饮料，然后几乎必然的会以将饮料洒在你的身上作为你们之间谈话的结束。我真不愿意回想过去十年间我在干洗店的“投资”，全都是为了清理社交活动中被泼洒的一塌糊涂的衣服。

很显然，大家都有过类似的社交经历。当然，社交活动中也有很多富有远见的人，他们尝试与其他的活动参与者建立有意义的合作关系，但是这样的人越来越少了。

然而，你却会遇到越来越多以自我为中心的“我”先生，或者很多正在找工作的人。我对找工作的人没什么偏见，出门去认识人就是他们应该干的事。这些人实际上对社交圈是有益的：你社交圈里有人求贤若渴，而你恰好认识有可能成为他中意的求职者，假如你把这两人联系起来，你就为自己的社交圈创造了真正的价值。

然而比较普遍的情况是，与求职者交流过后，就难有下文了。当我参加社交活动的时候，每次都会遇到这样一群让我沮丧的人，他们唯一的目的是确认你留给他们的电子邮箱是有效的，以确保你可以收到他们的简历。这种方法其实没用，如果我要雇用新员工，我会明确知道我需要什么，然后有针对性地主动寻找合适的人，我不会指望在社交活动这种场合招聘到员工。但是有一件事需要注意：虽然和我聊天对双方都没什么帮助，但在那些确认我的电子邮箱地址的人心目中，他们与我的交谈是成功的。

从许多方面来看（包括我所描述的那些方面），传统的社交就像一场约会。它是生活的一部分，但是你经历得越多就越感到厌烦，特别是当你发现很难找到那个和你情投意合的伴侣的时候，这种感觉就会分外强烈。正如戴维·斯特曼·加兰德（David Siteman Garland）——“迈入上层并创造辉煌在线课堂”（The Rise To The Top & Create Awesome Online Courses）创始人所说的：“社交活动就像夜总会，因为大部分人来这都只是为了找寻专业艳遇。”

作为商业人士，如果想让你的社交成功，最理想的情况是一屋子的人全是你所需的理想的潜在客户。显然，大型的社交活动无法达到这个要求。当你在活动场地里游来荡去，四处向别人兜售你的过人之处，迫不及待地证明他们雇佣你的价值，这些行为的作用并不大。实际上，这么做对你有百害而无一利，因为当做完自我介绍后，立马向别人阐述你的产品和服务优势的话，会使人感觉你在做电话推销——而这正是大家都厌恶的事。

我们继续拓展“约会”与社交的这个类比。关于寻找理想配偶或者心灵伴侣的书籍不会建议你每天都去夜总会寻找，如果你真想找一个合适的人共度余生，怎么会把时间浪费在拥挤嘈杂的夜总会里，在那里你甚至连自己内心真实的想法都听不清。另外，去夜总会里的人并不都和你抱有相同的想法，这是常识，大家都知道。

其实，真正优秀的约会指导书会建议你充分利用“友情”，你需要把自己的外部环境调整为有利于找到心灵伴侣应有的状态。你可以举办一场晚宴，让熟悉你的朋友为你做介绍，这样你才能给别人留下印象。爱情约会不是一次性的交易，而社交也是需要放眼长期的商业利益，在这一点上它们是一致的，或者说，它们应该是一致的。

不幸的是，我所看到的关于社交的书籍和文章所给出的建议并不正确，它们主要告诉你如何通过频繁参加社交活动来建立并利用社交圈。就好像社交游戏只有一种玩法，获胜的关键是你必须遵从特定的规则。简而言之，就是“以量取胜”。对于大型社交活动宗教般的崇敬，以及参与者的成见已经根深蒂固，以至于我都开始怀疑大家还能不能接受新的社交方式。幸运的是，你并不一定非要参与这场社交游戏不可。这正是你将会在本书下面的章节看到的内容。

小心情场老手

和我一样，可能你也经历过这样的情况：当你抱着寻找“心灵伴侣”的准备参加社交活动的时候，却不得不花费大量精力去摆脱那些“情场老手”的烦人纠缠。无奈我们只能经常铩羽而归。为什么会这样？我们哪里做错了？

让我换一种方式提问：如果你现在挣的钱比与别人合作挣的还多，如果你已经拥有难得的绝佳工作机会，你会多久参加一次社交活动?

我猜答案可能是“几乎不会参加”或者“只在不得不参加的时候才去”。

事业发展顺风顺水的人没有那么多时间去社交。当你的客户层次和商业价值提高时，你的时间价值也在增加。不久之后你会发现，你不仅是为自己，也是为你多年辛苦发展起来的客户和事业，更要珍惜时间。所以，你当然不会把自己的时间浪费在那些大型的，犹如农贸市场一般嘈杂拥挤的社交活动之中。

正是因为如此，你才没法在社交活动中找到自己真正的理想伙伴。同样的，这也是为什么社交活动中的常客几乎全是“情场老手”。这些人一般都正在开发或者正在经营某个普通的商业项目，他们四处梭巡，寻找任何可以帮助他们，甚至令他们的项目起死回生的贵人。他们主要寻找短期救助和速效救心丸式的临时资助，当然对于长期合作关系的建立，他们也来者不拒。对于他们来说，将自己整天泡在各种社交活动之中，是非常舒服和有意义的事情。

我无意冒犯他们，但是如果你还处在为下月的房贷而操心，为赚到下周的工资而忧虑的生存境况中，真的很难和别人建立长期的合作关系。当然，这并不意味着我们要成为他们的受害者。

很遗憾，我戳破了关于社交的泡沫，扫了大家的兴。但是事实就是这样，想从你这里得到好处的社交达人们，他们的产品和服务太一般了，所以对他们来说，没有更好的办法能找到帮助他们的人了。正是这些人，构成了社交活动的主流。而那些你真正想要在社交活动中认识的人，他们都太忙了，根本没有时间参加这样的活动。我们之所以对社交活动感到失望，原因就在于这个不可调和的矛盾。

无论如何，我们还得继续，唯一的方法只有大浪淘沙，迎难而上。这也是我在经营社交关系时逐渐领悟的道理。当我费尽心思扩展我的客户群时，我才慢慢领悟到，在社交活动中大浪淘沙真的需要耗费巨大的时间和精力，我强迫自己不断调整自己的战略，以更有效率的方式寻找最佳的合作伙伴。在实践中，这些调整也是慢慢实现的，犹如我在早期主动推销式的社交之后所发生的转变一样。希望我的经验对你有所帮助，使你不必再浪费更多的时间在那些无效的大型社交活动中了。

社交还是推销?

在刚入行的那段时间，我还没有很多客户需要费心维护，每天的工作要么是参加会议，要么就是组织会议。

我知道如果我每天打出去 300 个电话，其中会有 30 个人和我聊两句，但只有 6 个人会安排和我会面。在这 6 个人当中，可能只有一个会成为我的客户。获取客户、发展事业成为我那时唯一关心的问题，所以我根本没有注意到，每获得一个客户我需要花费的时间是 6–10 小时；更不用提我可怜的 0.003% 客户转化率了，也就是 1% 的 1/3。

当然，我也并不理会我发展的客户是不是优质客户。如果有人愿意与我合作，我就会很开心。因为我需要他们胜过他们需要我——至少我是这么想的——所以我像个不知疲倦的车轮一样整天绕着客户转，拍他们的马屁，取悦他们。但是在许多情况下，我都是输家，我所提供的东西他们并不需要，就像要把方木楔钉入圆洞，一切都显得格格不入。

我并没有责怪我那些老客户的意思。如果我突然联系他们，他们可能已经完全不知道我是谁了。维持我们之间长期共赢合作关系的可能性很小。当客户流失越来越多，我渐渐明白，我不需要（我也负担不起）为了客户而客户，我真正需要的是优质客户。幸运的是，很多年后我终于培养出了自己稳定的客户群，和他们一起合作让我非常愉快。不幸的是，现在回头看，每找到这样一个理想的优质客户，我花费的时间比 6–10 小时还要多。如果把寻找和服务非优质客户的额外工作也计算在内，我为找到一个合适客户甚至会用掉数天的时间。

这种找寻客户的方式不科学，也没法推广。但是如果必须经历这个阶段，我也别无选择。和这些经历丰富的客户共处的经验，更加证明了我自己的看法，于是我越来越珍惜自己的时间。这让我充满自信，不再强颜欢笑去主动推销。

虽然我的客户们没有察觉到我的变化，但是他们对我更满意了，因为我把更多的关注点放在他们的需求上。我从他们那里获得越来越多的推荐客户，也成了自然而然的事情。这些推荐来的客户相较于之前我电话推销时的客户而言，成功率更高了。就像在酒吧约会一样，你们共同的朋友将你介绍给对方，比你作为一个陌生人自我介绍要好得多。

当我最终完成蜕变，为了服务那些优质客户把我的时间全都占满，我也不再焦头烂额。其实，我还是需要分配一些时间到商业机会的开拓上的。正是考虑到这一点，我开始越来越频繁的参加各种社交活动。我对大多数活动都感觉不错，我不断告诉自己，参加社交活动是很好地利用时间的方式。毕竟在社交活动中大家是面对面交流的，而且每个人都是自愿参与。社交活动比电话推销要轻松得多，两者之间真是云泥之别。

我一直在欺骗自己，我让自己相信将时间花在社交活动上是明智的。实际上，部分原因在于我只是单纯地将社交活动和电话推销进行对比。自从电话推销诞生以来，它一直是颇为流行的业务开发方式之一。可是，现如今几乎每个人的手机都有来电显示功能，电话推销人员的电话号码很容易被识别并拖入到“禁止呼叫”的黑名单中，直接接通陌生人的电话成为不可能完成的任务，这迫使许多新入行的年轻人跳过我们这代人所经历的电话推销阶段，直接奔向社交活动。

如果你不再需要用电话推销的方式开拓业务了，那么恭喜你，你不必再体会那些冰冷的、无休止的拒绝了。和电话推销或者死缠烂打的营销不同，在社交活动中你不必担心会被拒绝，这里只有“保持联系”或者“下周详谈”

这样轻飘飘的承诺，以及互换名片或者电子邮箱这类互利的交换。相较电话推销时冰冷的直接拒绝，社交活动中的情况真的更好吗?

基于我多年的工作经验和参与社交活动的实践，我得出的答案很明确：不是。社交活动并不比电话推销更有成效或者说表达方式更委婉。相对于电话那头反感接到你电话的人，社交活动上虽然是面对面，但仍然是陌生人之间的交流，这并不会增加你达成合作的机会。某种程度上，直接拒绝反而节省了你的时间。

当然，我也不赞同用电话推销取代社交活动！我想表达的意思是，我们都有一种倾向，认为社交营销更有成效，因为即使没有达到目的，它也没什么坏处。我真正担心的是许多商业精英也在这方面浪费时间，如果不理解我的忧虑，就难以摆脱虚耗时光的宿命，最终只能走向商业失败的末路。

同样，我也并不是说你应该在实践中放弃社交这种商业拓展方式。无论是线上还是线下的社交，都会对你的事业发展有所帮助，都会增加你人际网的价值。问题在于你该如何做。你需要有自己的一套办法。不讲方法盲目地去做，是不会促成你与客户建立长期合作关系的，更不用说盈利了。

不要误会我的意思，我所描述的情况也只是偶尔发生，那是一些极端的例子。其实在社交活动中，与你互动的大部分人都很和善，与他们交流没有坏处，幸运的话，你很可能遇到和你相谈甚欢、具有相同价值观的人。然而，“家家有本难念的经”，他们中的许多人也有自己的问题还没有解决，也就没有精力和你闲聊了。

美的不真实

最近，很多书开始介绍一种更先进的社交方式——这里权且称之为社交 2.0。在 1961 年约翰·肯尼迪的就职演说中，他说“不要问你的国家能为你做些什么……”这句话至今仍然振聋发聩，它告诉我们，在社交活动中不应该只关注别人能为我们带来什么利益，而应该多考虑我们能为他们带来什么好处。

我们能把他们介绍给其他人吗？能为他们提供有价值

的建议吗？是否可以把他们引荐给我的优质客户呢？

理论上，我一直按照上述原则在转变。我喜欢和他人联系，再加上社交活动中仍然还有很多人士怀抱着良好心态，意图拓展商业机会，所以我觉得社交活动还是有作用的。另外，对于社交活动，我的思维方式以及我对建立长期合作关系的看法，早已经与各种指导书上给出的建议达成一致。

但是，问题仍然存在：许多生活在社交 1.0 时代的人群（如“眼中只有我先生”），也读过这些书，他们也意识到如果适当关心一下对方的利益——其实他们并不真的在意——他们可能得到更多的商业机会。当然，获得回报的过程可能比较长，但是只要他们付出了一点点精力——就算微乎其微——关心一下对方，对方就会感到有责任投桃报李，回报只会更多。

社交 2.0 理念的迅速发展，几乎使社交活动起死回生，然而副作用也非常迅速的出现了——真实有效的社交变得更加困难。那些我们竭力躲避的、使社交活动变味的劣质人群，由于他们开始懂得向高价值人群表现出虚心聆听的姿态，已经变得越来越难以辨别。现在，当有人在社交活动中关心我的事，意图向我提供帮助，我都会高度警惕，我的第一反应是“他想干嘛?”我知道，他们可能是真诚的，但是更大的可能是，他们只是正在实践从书中学到的东西。可以肯定的是，你们中的很多人已经在社交世界里认识到这些了：那些向你询问怎样可以为你提供帮助的人，其实并不是真正想帮助你，他们在乎的其实是你能否帮助他们。

在学到这些道理之前，我走了不少弯路。当有人已经开始接受社交2.0理念的时候，我还苦苦挣扎于传统社交的泥潭中，对每一个我有缘相识的人保持着同等的善意和关心。无论是参考书、电子邮箱、住址还是一条人生感悟，我都尽量提供给需要的人。我相信知恩图报，这是我的商业哲学。

直到有一次，我将一位刚从社交活动中认识的新朋友，介绍给我的优质客户。表面上看，这是一次完美的相识，我觉得他们两人之间一定能碰撞出一些火花。我通过邮件向双方夸赞对方的优点，竭力促成他们建立合作关系，希望他们互相打电话，或者相约共进午餐。

可是在他们第一次会面之后，我的客户就给我打了电话。他告诉我，我推荐的新朋友在会面还不到 20 分钟的时候，就开始推销他的业务。真是太糟糕了，他的推销尤其糟糕。我的客户打电话警告我，让我离这位新朋友远一点，虽然没有明说，但我感觉到，我的客户对我识人的眼光已经产生了一些怀疑。幸运的是，他们的会面并没有毁掉我和客户之间的关系，而我也从中学到了很多：

> 在向客户引荐你并不完全了解的人时，永远记得不要把你的声誉押上去。

仔细衡量一下，由于你费尽心力帮助那些你刚刚认识的人，从而导致了你很在乎的客户的利益受到影响，那为什么还要这么做？如果帮助了他们，你只能哑巴吃黄连，有苦不能言。

这让我想起另一个关于约会的故事。假设有一个姑娘叫玛丽（Mary），一天晚上，她和闺蜜去镇上的酒吧消遣，偶然和一个叫盖瑞（Gary）的帅小伙相识。现在，玛丽对这个小伙有点好感，但是她只是来酒吧消遣，结伴闺蜜随便逛逛，并没有想寻找灵魂伴侣。那么，在双方互相表达好感之后，如果盖瑞突然告诉玛丽他想和她厮守终生，玛丽会作何反应？大概会有两种可能：一种是认为这个小伙只是心血来潮，他可能另有目的；另一种是认为这个小伙是认真的……那更麻烦。

即使玛丽想和盖瑞继续深入认识，她也不会对盖瑞的表白给予积极的回应。在闹哄哄的酒吧里表白，气场明显不搭。当你坐在酒吧的高脚凳上听到表白，你会觉得对方在搞笑。同样的道理，在社交活动中，当你听到与气氛不合的话，你也会觉得对方在胡扯。

不相信？你可以试试。下一次如果你参加社交活动，当你和别人寒暄过后，你马上告诉他你手头上有个大项目，想知道他愿不愿意和你合作，一起取得盈利，你猜他会怎么反应？实际上你不用猜，因为我已经这样玩过好多次了，就像在酒吧里赤裸裸表白的盖瑞一样，结果很糟。

“先给别人好处”，这个社交原则并非一无是处，但这仅限于你对社交对象知根知底，或者很有信心他会知恩图报。如果你帮助那些初次见面的人，目的是为了自己的利益而建立等价交换的关系，那么事实上你正在冒险，你的合作伙伴可能会被利用，他们的时间可能会被浪费，甚至更糟。如果这样的话，你还怎么面对你的伙伴？正如沃伦·巴菲特所言，“建立名声需要一辈子，而毁掉它只需要15分钟。”

终于完了！但是，唉……

根据我驰骋社交圈多年的经验，我发现决定社交成功与否的关键，在于准确发现哪些人是你能够帮助的，哪些人是能够帮助你的。这已经成为重要的社交技巧，但即使是技艺高超的社交老手，也会偶尔遇到不顺心的时候。我都数不清自己被算计多少次了：每当我觉得可能拿下了一个大客户，现实就突然给我当头一棒，接踵而来的垃圾邮件提醒我，这不过是像往常一样的社交陷阱而已。

我有一套自己的追踪方案。各种社交渠道认识的朋友，我都可以通过追踪判断此人是否值得结交。在一天之内和新朋友接触，或者最多第二次接触之前，我就会详细浏览他的个人网页和领英（Linkedin）网站中的个人介绍，目的是对其有更深入的了解，评估我们之间有哪些可能的合作方式。之后，我会发信息给对方，表达我的合作诚意，询问双方互利互惠的可能性。我不仅不会要求面谈，而且就像在社交活动中初次见面一样，我也不会把我们之间的交流搞成产品推销。简单来说，我只是把社交 2.0 里的理念，运用到了邮件文字中。

那么然后呢？我收到什么样的回复了？唉，不尽如人意。很多次，在认真的介绍自己并发送邮件之后，我热情的援助之手还是被无情的忽略。那时我经常想，这是真的吗？你们真的这么忙，连给你们潜在的大客户回个信息的时间都没有？实际上，如果你现在去问这些人不回复的原因，我敢打赌，这跟我采用什么媒介发送消息，以及发送什么样的消息都完全无关。他们不回复，并不是因为他们觉得我是变态，或者是专门发送垃圾邮件的无赖。

后来我才意识到，真正的原因是时间。回复邮件是需要耗费时间的，而时间就是金钱。

这就是常规的“事后邮件”方法的本质缺陷。虽然没有意识到，但你实际上已经假设对方和你的时间状态是一样的，他们和你一样急切的等待着认识对方。然而，对方到底是什么心态，你却不得而知，任何先验的假定都不合适。你也不会知道对方正在做什么事，所以你发送的邮件内容必须足够紧迫：家庭事务、客户事务或者关于生意方面的事务。只有在这种情况下，对方才不会因为太忙没时间回复，或者因为琐事影响情绪不愿意回复。

慢慢地，我坚定了自己的判断，社交活动并不比电话推销的效果好很多；实际上，还可能更糟。一开始，两种方法我都觉得不错，有一段时间我甚至对社交活动产生了浓厚兴趣。可是现在不一样了，我的公司需要管理，客户需要服务，我已经不是刚进入商界打拼的毛头小伙。我开始注意我在社交上所花费的大量时间，注意相对于投资，我那少得可怜的收益。

看看这个世界吧，时间总是在不知不觉中流逝。而我们的时间却都花在以下事情上：

第一，参加社交活动，积极热情的和陌生人相识。

第二，通过名字、相貌、公司、职位、个人穿着等为别人定位。

第三，识别并研究哪些新结识的关系可以为我所用，成为我们新的客户或者伙伴。

第四，向这些新朋友发送编写好的邮件。

第五，与他们共进午餐或者喝咖啡等。

假设你很擅长上述这些事，并且能够极度高效地完成。保守的估计，这也需要你每周花上至少 24 个小时。这可是整整一天！你原本可以用这一天时间去服务你的老客户，维护你的老关系的。一年下来，那就是 50 多天，7 周时间。

你能想到利用这些时间，做些其他的促进你目前事业发展的事吗?

我并不是建议你不要参加其他社交活动。如果你能充分发挥社交活动的优势，参加这些活动也很有价值。我的意思是，如果你认同我对社交的定义，即社交是指任何能够增加人际圈的价值，和/或增加你为人际圈所做工作的价值的活动，那么你将拥有很多其他的选择，这些新选择可以为你节省时间，促使你的事业加速发展。

第二章
如何实践非社交手段?

在其名作《强关系》[①]中，斯克特·斯莱登（Scott Stratten）描述了他参加的一场当地社交活动。那场活动刚一开场，一位房地产经纪人的言谈就将传统社交的弊端充分暴露：

“……攥着早已准备好的名片，（他）走向我做自我介绍，同时将名片塞到我的手上。作为回应，我告诉他我的名字，并询问他递送名片的缘由。他说，这不正是我们来这儿的目的吗，彼此交换信息，社交啊！……接着我开始听他聊他的网站以及我们公司和他合作的具体方式，他承

① 译者注：书名直译为《非营销——停止营销，从关系开始》，中文版名为《强关系》。

诺可以在他的网站上为我们打广告，贴上我们公司的网页链接，作为回报，我们公司也应该以同样的方式宣传他的网站！……”

在剖析这个故事的过程中，斯莱登创造了一个“非营销”的概念，建议大家不要学那些老式的营销和社交方法。他定义了一种新方法，并认为在21世纪的今天，只有这种新方法才能有效吸引消费者和客户。然而，直到经历了一场彻底颠覆我的传统观念的事件之后，我才真正领悟到斯莱登所定义的新方法的重大意义，并在此后的日子里时时践行他的方法。

我有一位做庭院设计师的客户——大卫（David）。一天，大卫的一位高端客户打来电话，向他推荐一位理财顾问，希望大卫可以和他见面聊一聊。“这家伙很棒，”大卫的客户说，“我知道德里克（Derek）正在做你的理财顾问，而且你对他也挺满意的，但你还是应该见一见我推荐的这个家伙，会不会和他合作倒在其次，我就是觉得他很符合你的口味。”当有人很想从你这儿得到什么东西的时候，你应该会听到很多劝诱，甚或恳求的话从对方嘴里说出来吧？是的，大卫的客户把这些东西用到了极致。

大卫把这件事告诉了我。他让我不用担心，他只是觉得有义务去一趟。然后他问我，是否介意他将财务信息告诉那位将要见面的理财顾问。我说不介意，我尽量表现的云淡风轻。因为我知道，阻止大卫去见那个家伙，只会让事情向相反的方向发展得更快。

他们会面之后，大卫打电话给我，告诉我他们都聊了些什么。那个理财顾问推理论证出的结论是，如果他成为大卫的理财顾问，肯定比我做得好，起码不比我差。他告诉大卫，过去两年大卫如果选择他而不是我作为理财顾问，大卫会多赚 3% 的利润。看起来我要失去一位客户了，是吗？

然而，大卫给他的回应是这样的："德里克在过去的两年向我介绍了两位客户，他们已经为我带来两百多万的收益。所以理论上说，就算他让我的资产收益赔一半也无妨，而且从净资产的角度看，继续和他合作也是更加明智的选择。”

打消了这位理财经理的念头以后，大卫又告诉他，“假定你确实比德里克在管理我的投资方面做得更好，我也没有理由舍弃一位本职工作干得不错，而且还能给我带来生意的伙伴，不是吗？”

终极制胜者

大卫的话令我茅塞顿开。接电话的时候，瞬间我明白了：如果我已经增加了客户的资产配置和生意上的附加价值，那么我该怎么做，才能真正将这种附加价值融入我的常规服务，进而促进客户对我的价值定位呢？那一刻，我意识到我已经扬帆启程了。我要做的是投入更多的精力，利用我的业务和社交圈子，为客户以及他们的生意提供更多帮助。

这种与客户相处的新方法比我想象的还要强大得多。

如今，无论喜欢与否，绝大多数人都生活在商品社会中。全球化让世界变得扁平，几乎没有人敢说他们可以全方位碾压市场上的所有竞争对手。麦当劳比汉堡王更好吗？苹果比三星更好吗？在某些方面上确实是。但是，如果某一方具有压倒性的优势——无论何时何地——那另一方早就被市场淘汰了。

在这样一个高度相连，相互依存的世界之中，真正做到出类拔萃比口头上宣称自己的杰出，要困难得多。要战胜竞争对手，你必须做些让自己与众不同的事，并且方法还要足够独特。我现在相信，最佳的使自己鹤立鸡群的方法就是：**给你的客户介绍客户，为他们建立有价值的合作关系提供各种便利**。当然，我还得继续干好自己的本职工作：作为一名理财顾问，不停地会见客户，提供给他们超预期的高质量服务。但是与此同时，我还为客户提供附加价值，也就是为他们介绍更多的客户，通过这种方式，我有效的淘汰了我的竞争对手们。能够积极帮助客户提高他们的业务收入就是终极制胜者。

> **重要声明 #1：** 如果你的本职工作做得不好，没有为客户带来收益，那么提供附加价值也没什么用。
>
> **重要声明 #2：** 除非你有充足的把握，否则不要轻易向客户（潜在客户）许诺。你的客户在他的行业里并不算出色，这样的情况很常见，所以不要让他们抱过高的期望。我向别人推荐大卫，不仅因为他是我的客户，更重要的是，大卫非常优秀，他的作品很出色。向客户推荐的合作伙伴总是那么理想是不可能的。假如你认识的人只与财富 100 强公司合作，而你在那个圈子里又没有合适的关系，那么你就不应该考虑向他推荐客户。

在杰伊·巴尔（Jay Baer）最近的畅销书《“你”效用：为什么聪明的营销在于帮助受众而非大肆宣传》中，他建议，“如果你将精力集中在让自己变得有用，而不是让自己看起来独特，那会怎么样？如果你只是告知信息，而不是极力推销，那又会怎么样？”他继续道：“‘你’效用是非常有用的信息，这种信息虽然免费提供，但可以帮助企业和消费者搭建长期信任的、家人般的亲密关系。”你利用自己的人际网络向客户推荐客户，实际上是扩展了他们的商业开发和营销团队。你之于客户的价值因此倍增，同时你和他们的信任关系也得到进一步深化，这种信任关系很可能为你带来新的商业机会。终极制胜的原理就是这样。

终极参谋

上一节对终极制胜者的阐述，说明了我具有为客户带来巨大价值的潜力，对于那些依赖开发新客户来发展业务的我的客户来说，这很有吸引力。但是我的其他类型的客户，如企业高管、人力资源总监、律师事务所合伙人，应该怎么处理？他们中的一些人可能是个人理财客户，也可能是接受我们公司 401K 和退休福利规划服务的企业客户。对他们来说，开发新客户并不是业务发展的关键，因为他们是一群决策者，他们需要的是能够帮助他们决策的简单有效的建议。实际上，我找到了应对之策，我可以发挥自己的人际网络优势为客户带来价值——将自己变成他们的终极参谋。

如果你在你所从事的领域已经达到世界级水平，那么需要的是把你的才能和客户分享。从商业交易和买卖双方的角度看，你和你的客户是双赢的。然而，一位终极参谋还具有超越商业交易的、更深层次的含义。他/她可以为客户提供渠道，使客户接触到各个领域的世界级精英。

有这样一个案例：我曾经有一位客户，她刚刚获得了一大笔认股权，准备完成自己的心愿，购买一辆梦想已久的汽车。作为她的理财顾问，我的建议和她的想法一致，也认为没必要把所有财富都做投资，支持她支取一部分，充分享受自己的劳动果实。想一想，如果你是她，准备购买一辆六位数价格的汽车，随机找一位汽车推销员的话，她应该不容易在价格上受惠吧？

幸运的是，她有我。我认识当地最好的、最靠谱的汽车推销员：罗森塔尔汽车公司的 CC 斯隆（CC Sloan of Rosenthal Automotive）。从他那里买车我很有经验，我太太的车就是他帮忙购买的（虽然他最终没有推荐我太太喜欢的那家生产商的车）。帮助我太太并不会给他带来什么好处，但是他仍然超乎寻常的热情，所以我认定他是可以信赖的人，把客户介绍给他是没有问题的。他们不会把彼此的关系只局限在生硬沉闷的汽车销售上。

最终，我的客户买到了心仪的汽车，对 CC 也是赞赏有加，她还特意要了 CC 的地址，准备寄给他一瓶红酒。你听说过有汽车推销员卖完车之后还收到答谢礼物的吗？CC 的出色工作让我变成了一位“英雄”，我的客户对我颇为肯定。

在上文所述的例子中，大多数人可能会想，CC 应该会给我一些回报吧。我给他介绍客户，他就欠了我的人情，是吧？绝对不是！我给他介绍客户根本不是为了这个（你甚至可以说是我欠他的）。由于 CC 的卓越工作，他已经帮助我加深了我和客户的关系。

我让自己看起来和各行各业的精英人士都颇有交情——最好的承包商、最棒的房产经纪人、最优秀的脊椎按摩师、最厉害的汽车推销员——这使我成为大家的“解决问题”先生。通过我可以让客户的决策更有效率，为他们节省大量时间，再加上我推荐的人都很优秀，他们对我的信任与日俱增。

当然，另一方面，我所推荐的企业，他们自己也获得了相应的利益。这是个良性的互动。一旦这些客户发现我介绍的人给他们带来的价值，他们就会意识到，自己的理财顾问并没有为他们做同样的事情。我都不用专门游说，他们就会转而成为我的新客户。

和终极制胜者策略一样，必须要再次强调的是，要使你的方法有效，你必须能够有效识别，并且只推荐顶级优质的生意和人——不一定是你的客户，可以是别人向你介绍的，他们认为不错的家伙。否则，不但成为终极参谋的策略会失败，你的声誉和生意也会受到影响。

有些人可能在想“如果我没有这么高端的人际关系怎

么办？”别担心，我已经为你设计好了。假如现实就是如此，你现在要做的就是坚定信念，坚持下去，未来肯定会有所收获。重要的是，在成为终极参谋的路上，不要急功近利。

一个典型的例子：有一段时间，我收到很多客户的请求，希望我为他们介绍一些可靠的遗产规划律师。做理财这一行时间久了你就会知道，客户的最后要求肯定是遗产方面的事，他必须明确身故之后的财富分配事宜。我和很多律师见过面，详细的聊了聊，最后我选定了最优秀的一位，将他引荐给我的那些有相应需求的优质客户。这位律师的本职工作干得不错，但是她从没投桃报李，向我引荐过客户。其实还有很多律师，他们更懂得知恩图报——不得不承认，从短期来看，向客户推荐这类律师对我更有利——但是没关系，我没想着付出一定要得到回报。我的目的是为客户排忧解难，让他们更舒心。通过增加我带给客户的价值，我建立起了作为客户终极参谋的声誉。“这个律师确实非常棒”，这才是我想听到的。

思维的转变

那么，为什么我一直活跃在社交场？因为欲望，建立属于自己的客户群，开创更大事业的欲望。在社交场上的成功使我逐渐膨胀，我希望不断复制已有的模式，获取更多成功。我利用自己的人际网络为客户带来利润，怀抱着成为客户的参谋的目的，而并非与客户建立简单的利益关系或者单纯的服务提供商。我开始发现，其实我本可以采用更有意义和更持久的方式实现目的。所以，现在的我，社交的目的是放在为对方提供解决方案、为目前的客户带来价值这些方面。

我还是一如既往地乐于参加社交活动，只是现在我不再考虑自己的利益，或者我的理财服务能够直接（或间接）为别人带来多少好处。我的重点转移了，我尝试了解别人的问题所在，并尽力为他们提供解决方案——这些方案可能要用到我的客户、合作伙伴和另外的人际关系，而且所有的人都能受益。

一种典型情景可能是这样：我在社交活动中认识了某人，我介绍自己，告诉他我是一名理财顾问，通常的回应是“哦……啊……我目前不缺理财顾问，因为……一是我已经有理财顾问了，二是用蹩脚的理由转换话题，三是我现在正在存钱买新房子。”

如果是最后一种，那就太棒了。因为我能接上话，我可以帮他处理买房子的事（假定他们说的都是实话，没想着敷衍我，让我赶快走开）。知道他们正在房屋市场寻找房源，我就可以助他们一臂之力。我告诉他们“我有一个房地产经纪人推荐给你们”，从而创造展现我的附加值的机会。创造的价值以如下几种方式体现：

第一，我可以介绍我的伙伴给他。在上述案例中，是一位值得信赖的房地产经纪人。我相信这对他是有价值的。

第二，如果我推荐的房地产经纪人干的很不错，事后得到很高的评价，我的参谋形象就塑造起来了。因为如果房子最终成交，其中包含了我很大的功劳。

第三，从长远看，一旦买了房子，他们马上就需要有人管理他们在房子上的投资——很有可能是我，因为毕竟是我为他们买房子铺平道路的。

无论是关注自己（社交 1.0），还是声称可以为对方提供任何你可以提供的产品和服务（社交 2.0），都显得唐突，可能会让别人不自觉的产生防卫心理。但是，因为大多数人都有倾诉烦恼的欲望，也乐于听取建设性的意见，所以这种新方法——社交 3.0——比前两种有效得多。

在理论上我的方法很不错，但是离真正起作用还差得很远。首先，客观条件尚不具备。绝大多数在大型社交活动中的人，其主要目的还是推销他们的产品和服务，并非来寻求帮助，所以，我的“解决方案导向”策略不起作用。其次，我的方法在实践中还没有取得过真正进展。我认为终极制胜者策略和终极参谋策略很棒，但是问题出在哪儿呢？我逐渐意识到，社交活动本身可能正是问题所在。

终极连接器

如果要提升业务的质与量，我需要更有意义的方式扩展我的社交圈。最近我参加了一场社交活动，期间我有幸听到作家兼企业家的赛斯·戈丁（Seth Godin）的演讲，他说："关系比你能提供的具体服务或者其他东西有价值得多。"确实是这样，终极制胜者和终极参谋策略正是建立关系的优质方法。可惜的是，我发现大型的、传统的社交活动无法为我提供足够的机会，以便我实施这些策略。我没办法介绍客户得到他们需要的最优质的东西，因为我自己都还没有遇到。我没办法为客户提供绝佳的机会，因为我认识的人目前需要的他们并不能提供。所以，我做出了次优选择：创建我的社交群，将自己打造成终极连接器。

我集合了一群人（20–30人），其中包括我的客户、他们的核心关系人群，以及另外一些我希望可以合作的专业人士。我将向你展示，告诉你如何将你的社交网络也打造成这样的一个圈子。一旦建立了这样的圈子，你在社交上的投入将会得到指数级增长的回报，因为你只需要全身心投入到为你目前的客户和战略合作伙伴提供价值上，不需要为其他事情分心。

我把创建自己的社交圈子这个概念称作“CONECTOR”（类似一本不需要死记硬背的指导手册）。本书后面的部分将使你理解，围绕你认识的优质人群构建坚实的社交圈子是多么的重要。另外，你还会知道，在为你的优质客户提供更多服务的同时，你要如何吸引更多类似的优质客户。

能有效使用终极制胜者（向客户介绍业务机会）和终

极参谋策略（提供高质量决策方案）的高手，可以很轻松成为终极连接器（通过建立关系增加巨大的价值）。

创建自己的圈子比你想象的要简单得多，我希望你能按照我后面所描述的方法进行实践。即使你不照搬我的方法，下面章节中的一些实用技巧依然可以应用到你的业务实践中，从而提高和改善你的客户质量与数量。

第三章 谁是社交对象？

社交无用
Networking Is Not Working

前面我不仅阐明了传统社交的失败，而且关于如何为当前客户带来更多价值，帮助我们更有效的获得更多优质客户，也已经阐释清楚了。那么，接下来切入正题，聊聊业务上的事。

首先要做的是确认你组建的圈子都需要什么样的人。具体方法是梳理你目前的客户关系，从中找出你认为最合适的人选，他们是值得花心思研究的一群人，然后全方位的了解他们，包括他们的生意和私人生活。我所说的了解不是浮于表面，而是真正地深入挖掘，目的是充分了解你将组建的圈子会具有的共同特征。是的，这很花时间，然而你只需要了解几位高端客户就够了，之后的一切会自然而然进入轨道。

当初我也是按照上述步骤在当时的客户里完成这个过程的。我首先将精力集中在从事某些特定业务的客户上，因为在这些业务领域我能得到有价值的东西；然后将这些人进行分类，他们是成为我推荐给别人的终极参谋还是终极制胜者。通过初步检索，我锁定了 5–10 人，事情有了好的开端。

选择备选人群是有一定标准的，你要确保花时间去深入了解的客户是你喜欢的，同时他们也喜欢你。当然，此处所指的喜欢可以来自于利益上的互助关系，但更重要的是，你应该考虑那些重视你的建议或者和你有共同爱好的客户——美酒、运动、歌剧或都是追星族。这些人与你最合拍，即使和他们相处多年，你都会很开心。

在使他们认识到你将在他们的业务上扮演更重要的角色之前，你要认真思考，角色转变之后将如何处理后面的交流问题。

识别触发事件

尽管我可能已经了解了客户的一切，但这并不代表我知道如何为他们介绍业务资源、商业机会或者合适的合作伙伴。商业名片或者企业宣传册上的内容还不足以让人了解所有的故事。所以，与客户首次交流的目的在于了解客户的业务，向他指出我可以为他带来价值的方式。

一般情况下，大部分人会理所当然地认为，我们的客户和合作伙伴都很了解我们从事的工作，我自己也是这样认为的。从我的职位和工作部门很容易看出我所从事的职业——一个在金融机构工作的理财顾问。现在回想起来，因为持有这样的想法，才会在我刚入行的时候，老客户向我引荐新的客户时，总是被人问到有没有合适的理财顾问可以推荐。

实际上，大部分人遇到问题时，并不知道应该找谁帮忙，或者谁可以向他们提供帮助。约翰·詹斯奇（John Jantsch）在《推荐引擎》（The Referral Engine）一书中做了很好的阐述："引荐通常发生在两个人的闲聊过程中，其中一个人恰好在诉说自己最近的烦心事。"他继续写道，"把话题轻松自然地引到你业务上的最佳方法是设计一套'触发'词句，这些词句一出现就表明别人刚好需要你。"

我意识到必须要主动出击，而不能被动的等待别人来引荐。我要让我的客户和朋友们知道，适用我所提供服务的环境和人群还有很多，不只是理财那么简单。其中，最有效的办法是与现有客户分享我的"触发"词句。此外，我还做了扩展，将"触发事件"也包括进去，这些事件可能并不直接与我提供的服务相关，但也在我能力范围之内。

列举一个激发词句的例子：“我所有的钱都是自己打理的，但是我太忙了，没有足够的时间好好管理。”至于激发事件，可以是某个正准备生小孩的人，她也许已经是某位理财顾问的客户，但是根据我的经验，很多人在生完小孩之后，对自己的理财计划会更加关心。

另一个现实案例：我的私人健身教练，他对我的专业工作几乎一无所知，他关心的是我有没有完成足够量的有氧运动，有没有在力量训练上马虎过关。然而，他的世界观和我很像，我们聊得很投机。所以，他很想帮我的忙，想知道如果有人需要理财顾问服务的话，怎么辨别出他们——按照我前文的理论，可以说，他实际上是想知道如何成为我的更好的连接者，为我带来更多价值，使我成为他业务开拓的终极制胜武器。

显然，大多数人不会向他们的私人健身教练——或者从事类似工作的人——询问他是否认识靠谱的理财顾问。然而，私人健身教练与客户的关系非常亲密，许多人会与私人健身教练分享生活和工作中的故事。我本来可以要求我的私人健身教练，让他打听是否有人在寻找理财顾问。但我没这么做，因为这样做会适得其反，会将我们的关系庸俗化、商业化。我建议你最好也别这么做。

为了让他的推荐真正发挥作用，我不必向他解释我工作的具体细节，只需要让他知道我的潜在客户一般都在担心什么问题、哪些人可能成为我公司的优质客户。我需要的是他具备识人的能力，能够发现他面前挥汗如雨在做有氧运动的人是否是值得向我推荐的最佳人选。

我列出我的触发事件的清单，将他们与我的客户和战略伙伴分享。我让我的私人健身教练知道，如果有人想卖公司，他们就是良好的潜在客户。如果听到有人说："我真想多陪陪我的孩子们"，这就是很可靠的标志。我的触发事件清单还包括买房子、卖公司或医疗健康、老人养老方面的事情。

掌握这些之后，他就有能力为我推荐很多潜在的客户了。他也确实做到了——我的客户中有两个就是他引荐的。

你认为之后我还会换私人健身教练吗?当然不会,特别是在这种情况下。回想一下,这不正是之前庭院设计师大卫对我的感情吗,虽然他接受他的大客户的邀请约见了另一个理财顾问,但是最终依然选择了我。

这不就是你想在你的客户心中塑造的形象吗。要实现这个目的,你需要知道他们的触发词句和触发事件是什么。当然,你也需要确定自己的触发词句和触发事件。"提高我的收入"公司的伊恩·奥特曼(Ian Altman)说得很好:"不要告诉别人你能做什么,告诉他们你解决了什么问题。"如果你觉得这很难,我在下文列了一些问题帮助你理解,这些问题虽然是为你的客户准备的,但是你自己用来做练习的话,也很有价值。

要了解的重点是,通过与客户和你的人际圈子中的人共享你的触发事件,你的客户群会快速增加。除此之外,这样做会使你和你的客户双赢,你的客户也可以采取同样的业务发展方式。

明确你客户的触发点

根据上面的工作，接下来就该出门和我的客户好好谈谈我的计划了。我告诉我的客户我准备成为他们商业开发团队的附加成员。他们当然很高兴——这是他们无法抗拒的提议。

通常他们是这样回应的，“我开门见山地说吧：我不想看到你提供的服务在品质上有任何下降，因此你需要更加熟悉我们的业务，这样才能帮我们找到更多的客户。”我的每个客户都很想和我好好谈谈这个事。

面谈开始，我首先介绍终极制胜武器和终极智囊这两个概念（那时这两个名字还没确定）。然后我问他们，我怎么样才能更好地识别他们的客户和业务机会。通常在这部分耗费时间较长，因为我对他们的业务并不熟悉。我需要他们深入浅出的向我解释相关概念，并且还要便于操作。事实证明，了解他们的业务对我来说很难，就像他们努力了解我的业务一样。

沟通完之后，大多数人其实并不相信一个外行真能帮他们带来多少业务。实际上，他们通常很难向外行说清楚自己和竞争对手的本质差别，或者他们理想客户应该是什么样子。

练习：发现触发事件

和你的客户一起做完下面的练习之后，即使最后没有实质性的结果，你也会成为他们心目中的英雄，因为你已经将他们的思维引向更深的层次，开启了你们彼此之间更本真的交流。然而，这也是把“双刃剑”。大多数客户可能会认为，由于你已经知道他们的业务内容，所以你理所应当知道如何发现他们的触发事件。但是事实并非如此，他们需要知道，虽然他们可能是一位咨询师或者政府项目承建商，但是这些头衔并不能够说明他们的潜在客户应该是什么样的。下面的一些问题，可以帮助你更加了解他们。

问题 1：你的客户一般都是做什么的?

问题 2：他们通常和哪些人联系较多，都在什么地方?

问题 3：他们找你的时候，首要解决的问题有哪些?

问题 4：你理想客户的规模多大（员工和收入）?

问题 5：你理想客户的触发词句和触发事件，你知道的有哪些?

还有很多类似的问题，上述问题作为起步足够了。这些问题的答案包含的信息，不仅可以帮助你的客户在找到客户的过程中凸显你的价值，而且你的客户还能据此更加了解自己。他们会发现，如果在交流沟通上投入更多精力，搞清楚自己是谁，需要什么，远比只关注价值提升重要得多。所以，他们会更加信任你。

客户和我聊完上面那些问题之后，就把我看成自己人了，这让我非常高兴。在我看来，尽力寻找帮助我的最好的客户的过程，无论是过去还是现在都是非常有益的经历。

当你和你的客户做完上述练习之后，一般情况下，他们都会接着询问关于你的事情，希望了解你的触发事件是什么。这也是为什么我认为在交谈之前，你就应该让他们了解你的触发事件的原因。即使你提供的服务非同一般，那前提也得是客户对你的服务感兴趣，只有这样他们才会和你详谈。触发事件是具有凝聚力的主题，将你和客户连接在一起，使你们有相同的话题，这比任何事情都更能激发彼此的兴趣。

我从来不会和非社交圈的朋友聊这些，这是因为他们还都在我的备选名单中，还需要对他们进行评判，才能找到最合适的人。我建议你也这样做。可能感觉有点奇怪——从认识的人里面选择，哪些是社交圈的，哪些不是——但是，这个就是新社交模式的重点：选择最合适的人，提高所有人的价值。此外，那些不是最佳人选的人也是可以受益的，他们会成为你更大的社交圈里面的一分子，在那里发挥作用。

接触就是价值[①]

培养高端社交圈的重要价值，再怎么强调也不过分。在登上你的客户的商业拓展支持者名单之后，成功将取决于你将他们带入圈子的能力。当你的客户遇到棘手的问题，你可以运用你的人际网为他们解决问题，这也进一步提升

① “接触就是价值”是交际大师克里斯·布罗根（Chris Brogan）创造的。正如他在博客中写的“接触和学习或赚钱一样重要”。克里斯经常给出很多关于建立关系的建议。现在他主要给他创办的《所有者》（Owner Magazine）供稿。我强烈建议你在 http：//www.ownermag.com 上注册。

了客户将你视为问题解决者的信心。做完本书中所列的练习，你的社交圈规模毫无疑问会增大，但是质量的提升也很重要。社交圈的质量越高，你成功的层次也会越高。

关键是确定你的客户也明白这一点。我让我的客户知道，随着我的社交圈规模扩大，我见到了更多各行各业的精英，他们有成为潜在客户或者商业同盟的价值。我必须明确说明这些人的事业非常成功，并且都出身名门。告诉客户这些可以潜移默化的提高他们对我的信心，因为我为彼此带来的价值并不止于简单的服务，而是延伸到更高的层次，也就是为他们铺平了进入一个规模不断扩大、高端的商业精英人士的社交圈子的康庄大道。

就我个人工作来说，我会告诉每个客户，我希望他们把更多的时间花在事业发展上，多陪陪家人，或者做些他们认为重要的事。如果我可以让他们每天的生活更简单——如替他们找新的工人或者保姆这些家中琐事——我就为彼此的关系注入了新的价值。这也正是我作为终极智囊的部分工作所在。

为了从客户那里获得终极智囊和终极制胜武器的双重荣誉，我需要更了解他们，不仅包括他们的理想客户，还有他们的事业发展和家庭情况。他们在收购另一家公司？在开发新的更有效的网页展示形式？在找寿司店准备大快朵颐？如果通过挖掘我的社交圈资源，我能帮助他们解决这些问题中的任何一个，我就成了其中一方的高效问题解决者，也为另一方创造了商业机会。这是双赢的局面。

如果按照这种方式去做，你的客户肯定会非常满意，并对你的努力赞赏有加的。尽管可能要花费一些时间，无论如何，他们都会支持你为建立社交圈所做的工作。

提升基数

关于我的客户中理想客户的信息一旦收集完毕，我便会让我的客户与他们经常打交道的人建立联系。更明确地说，我其实在寻找更有效的方式，认识他们所认识的最高价值的人，这些人都是精华。

这并不是什么高精尖的东西，只是随便问问，有没有熟识的很优秀的精英人士，可以简单介绍两三位。他们的会计师够聪明吗？他们女儿的钢琴老师很快就教会他们弹奏肖邦了吗？他们雇的搬家公司为他们提供的服务周到吗？卖给他们房子的房地产经纪人敬业吗？

你的客户对这些问题应该会回答的，因为你已经做好了铺垫，之前你做了很多增进你们关系的有价值的事情。就算客户没有认识到，介绍你和他们的高价值人群认识，也可以增加你解决问题的能力，进而帮助到他们，从知恩图报的角度，他们也会帮忙引荐的；这本身就已经是很有价值的行动了。毫无疑问，认识这些人是扩展你社交圈的良好起点，同时，这也增加了你的备选库，从中你可以构建你的非核心社交圈。

然而，请记住，你不可能围绕你目前的客户建立一个独享的小圈子。尽管你认为你可以做到，我还是建议你不要去尝试。这不是理想的方式。现在，让我们看看如何扩展你的社交圈的人才库和非核心社交圈人才库，这可以提高你为客户增加价值的能力，同时还有利于你和所在领域的高端人士发展良好的关系。

第四章 你的社交大门开启了吗？

本阶段唯一需要做的，也是最重要的事情就是扩展你的社交圈，力求囊括你所在行业最优秀的精英人士。在起步阶段，对于客户的各种需求，我并非有求必应，并没有经常向客户推荐人才或者提供解决方案。因为我的社交圈还不够大。为了真正实现向客户所做的承诺，我还得再接再厉，开动我的搜索雷达，找到行业里做得优秀的人，并与他们建立良好的关系。

除了质量，多样化也很重要。如果你的目标是尽可能多的增加价值，那么，深而不广肯定不行。如只了解某一个区域的律师，不会使你成为真正的智囊，充其量只能是某方面的问题解决专家。所以，一定要跟各种专业人士都建立关系。这样的话，无论客户的要求是什么，你都能从容应对，为他们推荐最合适的合作伙伴。当客户将你看作智囊，向你寻求解决方案的时候，最不能发生的情况就是你两手空空，毫无办法。一旦这种情况发生，你在客户心中的地位就会动摇。如果再碰到麻烦，他们可能就会犹豫要不要找你帮忙了。

理想情况下，你应该和其他专业人士建立战略合作关系，这些人会让你在客户眼中看起来像个英雄，并且他们还会向你投桃报李。如果将本书所述策略在现实中施行，你定会受益非凡。但是现在还没到时候。目前要说的是如何充分利用人才和专家，帮助你为客户带来价值。第一步是识别并和他们建立联系。

扩展社交圈的质与量

有三种最重要的扩展你的精英人际圈的方法：一是通过你的客户引荐，二是与初步相识的朋友重新建立更深入的关系，三是有效识别素未谋面的陌生人并与之建立关系。

与不同人群互动和交流的方式会有些微的差异，我将会详述这些差异的内容。但是，无论是哪种情况，首要目标是相同的：识别并与他们互动，依次判断：

第一，他们的业务是否能为你现在或者未来的客户带来价值。

第二，对于和其他专业人士建立关系，你和他们的观点是否一致（吸收他们加入你的圈子的第一次测试）。

第三，他们目前有哪些棘手的问题你可以帮忙解决的（最理想的情况是，可以借此直接介绍他们认识你的某位客户）。

如果和你交流的人并不完全满足上述标准，那也没关系，你还是可以和他们随便聊聊的。毕竟没有黑就没有白，没有冷也就无所谓热。要是所有人都有相同的商业价值，那我们也不必为大型社交活动的没落而悲哀。当然，这些非理想型的专业人士也能带来有用的东西，也许下一次你客户的问题他们就会大有作为了。所以，不要仓促判断，轻易放弃你的价值之箭对准的目标。

谈一个我的医生的例子。他的病人很多，新病人必须登记在名单上等候，因此，对他来说，并没有迫切扩展社交圈寻找客户的压力。但是，如果我的某位客户恰好需要医生，而我帮助他把名字放到了等候名单前面突出的位置，我就为双方都来了价值。对客户来说，我向他推荐了高水平的专家，解了他的燃眉之急。对医生来说，我给他带来了经过审查的、低风险的客户（由于我们之间的关系）。

后面，你只需要集中时间和精力，和与你相处融洽、为你的业务带来最多帮助的人互动就可以了。当气氛融洽的时候，大家更容易相互合作，为彼此带来价值。

还有其他关键点，在判断某人是否符合要求的时候需要注意。

理想社交圈简况

关于如何简要描述理想客户，市面上已有很多有价值的建议（如有专为理财顾问准备的《获客，守客》，有迈克米卡洛维奇的《南瓜计划》)，正如我之前说过的，我对这些书中介绍的方法很着迷，一直遵照其中的原则行事。

但是，鲜少有人建议的是，与其他行业的、与你有同盟关系的人处理好人际关系，给予他们更多的关注。最开始的时候，我们可能把任何人都当作自己的客户，逐渐发展，拥有更多选项之后，我们才学会选择。

识别哪些人可以成为自己圈子中一员的过程，没有什么特殊之处。起步阶段，只要别人接受你，你就应该接受别人。而当你的业务和社交圈越来越大，你的注意力就应该转移集中到高端人士身上。但要注意的是，此处的“高端”并不意味着“合适”。

寻找其他积极的付出者[①]

第一步是识别高质量的业务。一旦结识到某个从事国际级大生意的陌生人，你自然会想道：如果把这些人介绍给你的客户，你将收获良好的声誉。当然，你需要作出判断：对于你的目标来说，这些人是否真的是理想人选。你

① “积极的付出者”（Go-Giver）是由鲍勃·伯格（Bob Burg）和约翰·大卫·曼恩（John David Mann）在他们的经典著作《积极的付出者：一个关于伟大的商业想法的小故事》中创造的概念。积极的付出者，本意指在为别人带来价值的同时，自己也能获得快乐，并且自己的状况也能得到改善。

需要精确衡量，如果严格从自身利益出发，或者从改善他们与自己的客户的关系出发，他们有和其他专业领域人士合作的倾向吗？他们是随时待机、乐于助人的善人吗？或者只是他们自以为他们是这样的人？根据我的经验，这些都是最难回答的问题。

假如让某人直截了当地回答这样的问题：帮助客户解决自身专业领域之外的问题，你能行吗，或者你能找到合适的人吗？毫无疑问，他们的回答都将是斩钉截铁的“当然可以”。为什么不呢？无论是真的不诚实，还是自欺欺人，不会有人说出刺耳的“我不行”。

给你一个重要的区分这些人是“真金”还是“草包”的小建议：别用你的提问领着他们的思路走。让他们告诉你他们是如何处理业务，以及如何与他人合作的，而且尽量具体化。下面是我常用的一些问题，这些问题可以帮助我发现真相：

Q：你的客户向你咨询建议的频率如何？

Q：他们向你咨询的都是哪些方面的建议（生意上的、生活需求方面的等）？请举一到两个例子。

Q：当你将客户介绍给另一领域的专业人士时，你的期待是什么？

Q：从成功率方面看，根据过去的经验，推荐的专业人士中，效果如何？

Q：你有过将某客户推荐给理财顾问的经历吗？这种推荐机会是怎么产生的？

Q：对于其他的理财顾问，他们哪些方面你认为表现不错，哪些地方你并不欣赏？

当你审查潜在的圈子成员时，根据以上类似问题搜集到的信息将会很有价值。

在与这些人交流时，现在可以说你已经对应该涉及什么话题有所领悟，那么接下来看看，在不同的细分领域，和这些人互动和联系的差别有哪些。

客户推荐

一旦你和现在的客户交流过你的想法，告诉他们你的计划是将你们的关系推向新的高度，并且汇集很多的专业精英。那么，这就意味着现在是你扩大“非社交圈”的规模、吸收更多陌生人的时候了。

最理想的情况是让你的客户通过电子邮件推荐你。如果他们同意这么做，尽量让他们省心！创建一套你的所有客户都能用的电邮模板，并以和客户互利共赢的方式，将介绍信息的大致框架融入该模板。让他们省心可以使你表现出珍惜客户时间的姿态——当然，这也将增加他们按照你的想法行动的可能性。

如果因为某些原因，你需要亲自发送邮件，那你需要向对方解释，告诉他们你的客户建议你们见面，以便达成某些可以潜在互利的合作。

在与这些你和你的客户共享的专业人士交流的时候，你需要记住，你的首要目的（甚至比上文所讲的收集信息还重要）是说明你怎样为你们这些共同的朋友增加价值。就算你发现正和你交谈的人并不适合进入你的圈子，这些谈话也有助于你找到改善你和客户关系的新切入点。

创建一个电子表格，将所有通过你客户的推荐而认识的人都记录在这张表格中。表格列出每个人的姓名、行业和备注信息。然后，将你认为适合进入你的圈子或者值得发展建立关系的人重点标注。采用这种方法，你会创建出一个很棒的表格，但是我们还有很多工作要做。

可在以下网站获得一个免费的模板，其中包含一些例子，以反映表格的基本结构和内容：

WWW.DEREKCOBURN.COM/BOOKTEMPLATES

你当前的社交圈

首先需要澄清一个概念，你当前的社交圈指的是过去那些年你认识的且还保持联系的人组成的圈子。这些人中，有些你很熟悉，有些只是泛泛之交。无论如何，你要做的是从中挑选出你相信可以对你的社交圈贡献价值的那些人。

对于一些你已经很熟悉的人，就没必要再进一步斟酌，直接将他们的名字加入到你的表格中，你只需要联系那些你还不很确定的人就可以了。这么做至少可以给你机会与他们小聚一下，顺便尝试开展业务的新办法。有些好奇心强的人还可能询问你最近的状况——这正是判断你的新方法是否起效的绝佳机会（而且还能看看此人是否应该登上你的人际圈名单）。

填补缺口

截至目前，你本应已经编制好一份令人印象深刻的名单了，但是如果还没有完成，那也不必焦急。无论用什么方法，你的出发点都是目标人群。当你把自己圈子的人凑到一起，或者正建立自己社交圈子的时候，重要的是对自己的角色保持清醒，明白自己代表的是哪一行。当然，这取决于你的具体专业。

作为一名理财顾问，我明白，我需要认识的是经常和钱打交道的人。这些人的专业就是和他们的客户聊钱的事，如会计师、律师、银行家等，他们将会是我社交活动的核心（也是我社交圈的核心）。

你的圈子首先代表的行业或者专业人士应该是什么?假设你从事 B2B 行业，经常打交道的对象是财务总监，那么，你会希望圈子里的朋友和财务总监有工作上的交集。想一想，根据过去的经验，哪些行业或者哪个类型的专业人士，曾经是你的最佳介绍人。哪些行业或人将会对你的客户有帮助?好好想一下，把涌入脑海的东西记下来。

现在，把这份名单和之前编制并审查的联系人名单对照一下，看一看有没有遗漏或者多余的人。如果你的名单上已经有三位 IT 专业的人士，那这一行就不用担心了。另外，如果你发现名单上只有一位律师，那么可能需要再找一位。

你将会与其他不同领域的人士组成社交圈。那么，你当然必须将目标锁定在某些特定相关的行业中，但是现如今，“关系不错”和“有影响力”比“行业相关”或者“部门联盟”更加有用。因为你的领域里德高望重的人，他们的介绍才能真正发挥作用。我自己就从室内设计师、眼科医生，以及我的私人健身教练处收到过很多客户介绍。

如果你想继续往你的圈子里引入更多高质量的人，就需要你多去发现。幸运的是，网络和社交媒体帮了大忙，现在比以前省力多了。

领英：你可以用领英找到几乎所有领域的高端精英。首先，从你认识的人开始，然后寻求他们把你介绍给他们的朋友。领英的巨大优势在于，你可以按照行业、联系程度，或者区域进行搜寻。想一下你希望有人推荐的行业，与你的表格进行对比，看看有没有对你有用的行业不在你的表格中。然后，在领英中搜索这些行业，过滤掉通过两层以上节点才能认识的人。如果你和他们有哪怕一个连接人，你也大大降低了作为不速之客被拒之门外的风险。最后，当你找到合适的人，或者你认为适合加入你的圈子的人，那就赶快联系。

你可以向你们的共同联系人发出请求，让他介绍你们认识，或者直接毛遂自荐。你要让他们知道你是谁；让他们知道他们正是你的客户苦苦寻觅的专业精英。我过去经常采用的说辞是，告诉他们我的客户已经让我推荐他们领域的专业人士很久了，但是我一直苦于找不到合适的人（假设这是真的）。我还会让他们知道，我的目的是成为我客户的参谋，所以我希望知道更多关于他们的信息，以及他们曾经服务过的最引以为豪的客户，这样我就能判断他们是否合适，以便在下一次与客户的交谈中把他们介绍给我的客户。然后，我还会询问是否能打个电话详谈。根据我的经验，如果你采用这种办法，最后 90% 的人都会给你打电话。

第一次打电话的时候，一定要把你的这些方法如实告诉别人，而且还要向他解释你的客户是如何从中受益的。一定不要提你自己的业务。如果你首先谈的是自己的业务，他们会觉得你的毛遂自荐只是一种销售技巧。这当然不是你想给别人留下的印象。如果此人正好是你需要寻找的那类人，那么他们大多数情况下会询问你的事情。实际上，这也是一种区分对方是否值得深交的好办法。[①]

微博[②]**：**微博是找人的绝佳工具。我许多同事对社交网络一直比较排斥，他们说自己没有那么多时间泡在领英或者其他社交媒体上。他们的话我是否相信并不重要（其实我不信），重要的是，我每天只需花费 10 分钟，就能在这些平台上轻松地与潜在的业务机会建立联系。与动辄几个小时的大型社交活动相比，大型活动需要耗费巨大的精力，而且能否实现目标还完全看运气。在网络上，你可以掌控一切。包括谁可以和你说话、你想和谁说话，以及你想和谁进一步交流，这些都由你掌控。你可以看到谁在聊天，聊的是什么内容。想认识哪些精英，你可以“关注”他们，随时跟踪他们的言行。你能看到他们正在忙什么，并且从他们关注的人和彼此聊天互动的内容中，发现他们是否能为你的圈子贡献价值。如果你有能力，尽可以加入他们的

① 如果你想理解更多关于利用领英扩展人脉的方法，我强烈推荐 Lewis Howes 的书《互相联系的工作》（Linked Working）。

② 原文是 Twitter。

互动中去。转发他们的微博，向你的“粉丝”们积极推销他们，善用微博用户定位功能，这些措施就足以抓住他们的注意力，得到他们的“关注”。

同样，也不要用自己的业务挑起话头。你已经知道这种方法哪怕在大型社交活动中都行不通——有的人在微博上也会犯这种错误。在社交媒体上，我坚持我的拇指规则：现实世界中不会做的事，网络上也不要做。[①]

① 我最喜欢的，讲解利用推特扩展人脉的书是 Mark Schaefer 所著《推特之道》。无论你是打算尝试使用的新手，还是已经用了很多年的老手，这本书都是很有参考价值的。

下一层次

既然你已经拥有自己精选的已结识的朋友名单，无论这些人是以前或者最近才由你的客户介绍认识，现在是时候仔细考虑这些人中有哪些将会登上你的“非社交”列车了。你不会有那么多的时间和每一个人都成为至交好友，所以下一步要做的就是将人群分层，找到那些最有价值的人。

第五章 你是被众星捧起的“月亮”吗?

社交无用
Networking
Is
Not
Working

一个成功的社交群或社交策略，需要你作为中心而存在。你要成为核心。根据韦伯斯特大词典的解释，你要成为的是“物体、运动或者群体的中心和最重要的部分……成为它行为和增长的基础”。千万不要误解，这并不意味着所有的一切要围绕着你转；事实上，你起到的是连接各种关系的作用，类似于车轮的轮毂。

另一个社交群？别开玩笑了

现如今你已经步入了轨道。通过组建有力的社交圈子，你将为你的客户带来优质服务，并最终增加你的业务。但是在真正投入实践之前，有一个重要的问题需要考虑：为什么别人会感兴趣？就算你成功组织起一批高素质的事业成功的精英人士，这些人对圈子的态度也可能会让你变得比较消极。事实上，这并非只是“可能”，在很大程度上肯定如此，因为如果他们对你没兴趣，你也不会对他们“感冒”。像你一样，他们很忙，时间非常宝贵，对传统的社交方式也很不认同，所以他们的抵触心理是可以理解的。最基本的销售知识告诉我们，这时候你必须勇敢面对这些抵触心理，并通过交流使他们充分认识到你将会创造的价值。因为对他们来说，为什么要无缘无故加入一个新的人际圈子呢？

当然，答案很明确，因为这并不只是一个普通的圈子。起步阶段，你要通过三个方面仔细甄别合适的人：一是他们的业务质量，二是他们帮助别人或者与别人建立联系的能力，三是他们做事的乐意程度。虽然我不认为很多人会滥施爱心给不熟悉的人，但是我知道，如果一个圈子里都是这样的人，很多事情自然而然就会发生。[①]

---

① 此结论根据我的个人经验得来，这些经验来自于我的叫作“骨干”的圈子，这个圈子是一个由 100 多个 CEO 级别的精英组成的小圈子。每天我都能看到这些事在那些精英人士之间发生。

描绘新图景

你需要向他们描绘不一样的图景。和他们交流，告诉他们这些你聚在一起的人都愿意真诚地交朋友，都抱着“为别人做点事”的心态经营彼此的关系。这个圈子的规则与众不同（第一条：不能直接要求），圈子的重点在于互动，而且大家不把圈子当作功利之地，只是怀抱彼此互相帮助的心愿，将其视为与其他成功人士相识的平台。

当你打算邀请你名单上的 A 级人物加入你的圈子时，

你要清楚，你邀请他们进入的是什么场合，他们将会做出什么事。这些问题并非可有可无。你听过“一颗老鼠屎坏了一锅粥”吗？这种情况在这里也可能发生，一个不和谐的人就可以破坏费心营造的良好气氛。虽然这些人都经过精挑细选，但是还必须深入了解才能发现哪些人真正符合“非社交人”的要求。

重提目标

任何专业社交圈子的成功，都与一些因素直接相关，即群内人员的素质和目标。为了圈子能高效运转，对于围绕在你身边的人，你必须进行选择。他们是如何社交的？他们有影响力吗？当他们为他人介绍的时候，目的是什么？他们的理想客户和你的一样吗？他们愿意挤出时间参加活动，为活动尽心尽力吗？

第一章里我们谈过目标，社交不再有效的主要原因是由于很多人的脑子里仍然盘踞着“他对我有什么用”这种错误的想法。如果你的首要目标是为你当前的客户以及其他人带来价值，而另外一些家伙的首要目标却是寻找生意机会，那两者就不匹配了。你必须保持真诚的心，发自内心为这些你信任和了解的人提供帮助——而且圈子里的每个人都应该抱有同样的想法。

想一想之前我们提到的隐患，这些隐患非常现实，我确定我们完全可以证实它们的存在。你现在的责任在于确保你引入圈子的人不会有这样的问题。当对方和你的思维不在一条线上，我们都知道会发生什么样的事，不坦诚相待或者甚至缺乏基本礼貌，都会令人感觉不快。

以前我举荐我的客户给他人时，就遇到过一些问题。有些还不错，但是大多数都不尽如人意。有时这些人一和我的客户搭上线就把我抛到脑后，有时我甚至连一句“谢谢”都收不到，有时候这些人甚至对我的推荐不理不睬。（怎么会这么忙，连回应潜在的业务机会都没时间?！）我不知道你的反应是什么，如果是我接到圈子里朋友推荐过来的人，我会非常激动，会热情迅速地回谢。哪怕推荐来的人并不理想，我也会向对方表达感激之情，起码这让我对心中的理想客户的定位更加清晰。

别搞错了，当你意图和战略伙伴结成新关系，很难找到和你的观点和思维模式相一致的人。起初，大部分人并不会拒绝你的邀请，但是他们能否留下来成为圈子里的一分子，完全取决于圈子里其他人的质量和参与程度。特别是当你以自己的声誉为担保的时候，这一点显得尤为重要，因为你吸引人的卖点就是舒适和自由。圈子里所有的人都是经过你的手精选出来的，所以每个人都会因为对你的信任而放松一些戒备心（没有人想听到别人喋喋不休的推销演讲）。你起到了信任中介的作用，相对于让圈子里的人自由结识，这可以营造一个更舒适随意的环境，也是你的圈子区别于普通人群的关键。但是，如果你破坏规则，邀请不符合要求的人进入了圈子，你的声誉和别人对你的信任都会受到严重削弱，而这两者一旦受损将很难恢复。

找到精华

要创建出理想的社交圈子，你需要一些志同道合的人。这些人会把你放在心上，帮你成为客户更好的参谋，而且也会给你帮助他们的机会。如果聚集了一群合适的人，你就为所有人打开了更多的机会之门——当然也包括你自己。

根据前面讨论的那些内容，想必你已经对邀请什么人心中有数了。假设他们满足你的所有条件，还需要考虑：他们讲故事的能力怎么样？能不能有效和别人沟通，让别人准确了解他们需要什么样的帮助？他们已经找到自己的触发事件了吗？他们知道自己心中的理想客户是什么样子吗？总而言之，他们需要让圈子里的其他人简单明了地知道如何提供帮助。没有人愿意费心猜测别人的心思。所以，你要让圈子里的人也明白，他必须让别人容易理解他需要的是什么样的帮助。

对于那些不知道怎么帮助他们的人，在决定是否邀请他们加入我的圈子的时候，我都要再三斟酌，具体内容在第三章和第四章进行过描述：如果某人对自己的理想客户不明确或者没法描述自己的业务有别于他人的特点，这就有问题了。但这也不意味着没有办法挽救，你还是可以帮到他们，也就是通过提高他们的表达能力，使别人可以轻松发现能为他们带来业务的机会。如果你发现某人其实很适合加入你的圈子，但是存在这样的表达问题，那么你要做的就是按照书中的方法，帮他发现自己的触发事件。

做完这些事，你的备选人员名单就基本完善了，接着你需要从中选出20–30个最佳人选，邀请他们加入你的圈子。这也意味着你要作出一些决定。当你缩减名单时，能否为你目前的客户直接增加价值作为决定因素。如果把一些开始感觉不错的人排除了，没关系，你还可以把他们作为后备人选。

就算你决策失误，错误接纳了一些人，这也不是世界末日。你的大方向没错，而且你已经尽力了。如果大部分是合适的人，他们在不断地为圈子增加价值，那么大家也不会把小部分不积极的人放在心上。而且，你需要一些时间重新确认他们的目的，如果他们还是那样不积极投入，下一次你就可以不再邀请他们了。

开始行动

骨干成员已经就位，下一步是要形成核心，将成员与核心连接起来。

首先，你需要向成员们发送一封电子邮件。告诉他们，你正在组建一个私密的社交圈子，这个圈子由一群志趣相投的精英人士组成，并且大家都乐意彼此之间结成有意义的互利关系。

然后，分享你的观点。让最早收到你邮件的人明白，如果他们可以邀请合适的人加入这个圈子，或者为认识新人提供便利，他们将会成为圈子中其他人的拥护者。而且，因为所有会员都是精挑细选的，大家可以相信每个人都很乐意促进圈子的健康发展。

圈子内的社交活动不应局限于线上或者线下，根据我的经验，最好的启动性活动是组织高阶层人士的私人见面会。

第六章 行动起来吧！

一旦明确了自己圈子中的核心成员，并确立了他们的中心地位之后，就要着手让奇迹发生。这就是上文所说的“活动”（Events）。只有这样，你才能让自己的生活远离那些冗繁的、毫无意义的、人见人怕的社交。

有效地利用活动——那些你主持的、你参与的活动——是你成功的主要因素。

我发现，举办午餐会是把一大群人召集到一起最完美的方法。通常，很多人名义上是参加社交聚会，实际上却成了一对一的午餐。你了解整个流程，俩人见面开始聊，最后你发现浪费了那么多时间，却只听了一堆别人的推销演说。

我们要做出改变。我的建议是搭建平台，在这个平台上，大家可以巩固已经建立的关系，所有参与进来的人都能获得有价值的机会。这个平台恰好可以通过共享午餐这种方式得到解决。

午餐：一天中最重要的一餐

假设你的圈子里有20个人，可以每月举办2次午餐会，每次邀请10个成员参加。之所以策划两次活动，目的是让你圈子里的成员有选择权，增加他们在百忙之中参加午餐会的可能性。

在午餐会逐步成为深化关系的场所以前，最初的目标是让所有人互相熟悉。你大可以办个“圆桌”讨论会，每个人用5–7分钟的时间做自我介绍，大致谈下自己的业务。

当然，每月安排 20–30 位商业领袖参加 2 次（逐渐增加）午餐会，是挺费神的，毕竟他们都是超级大忙人。但这些都不是你退缩的理由，这些年我一直坚持举办这些活动，我犯过很多错误，这些教训就是你的前车之鉴，看了本书后，你肯定不会再犯我犯过的错误了。

选择餐厅

一旦定好要邀请的人，下一步是选择合适的地点，安排合适的餐厅（你可以根据自己的饮食习惯自主决定）。如果你生活的城市里可选择的比较多，那么可以在离大部分人居住地较近的地方选择两家餐厅。

然而，什么是决定一家餐厅是否合适的因素呢？为了使大家满意，你要确保餐厅具备以下特点：

• **第一，高素质的顾客和服务员。**因为可能会有公司老总和高级专家参加聚会，你必须确保餐厅能满足这些人的高品质要求。

• **第二，私人空间。**这必须要得到保证，如果10-15人围坐在大厅，那根本听不到对方在说什么，只有在私人空间，才能保证大家将精力集中在谈话上。

温馨提示：在预定餐厅的私人包间时，要清楚是否有最低消费额（特别是节假日期间）。如果对餐厅的一切你都很满意，只对最低消费要求有些微词，你可以这样告诉餐厅经理："每个月我都会带20个老总过来消费两次，我可以让你在我们吃饭前宣传一下你们餐厅。"如果对方够聪明，应该就不会在最低消费的事上为难你了。

• **第三，分开付账。**除非你打算请客（我不推荐这样，估计也没人愿意），否则你应该确定餐厅可以接受分开付账。我曾经召集的一次午餐会上，那个餐厅的服务员竟然花了30分钟才把每个人的账单算清。为了避免这种尴尬，你要早早打电话问清楚情况。大多数餐厅都会接受分开付账。如果他们有些犹豫，你要确定在预定午餐之前把这件事落实。

你要把所有考虑过的餐厅都尝试一下，哪怕有些餐厅以前去过，因为圆桌午餐和你自己吃饭是不一样的。你可以看看他们是怎么安排空间的，这样会避免正式开始时出现意料之外的状况（希望不会）。成为他们的常客能让你在餐厅老板/经理/协调人面前混个脸熟，午餐会的时候如果寻求服务的话，你会更主动。如果当天你想让某个特定客人坐在你的旁边，那就需要他们了。

另外，还需要特别注意的是环境。这不是小事，必须得到重视。餐厅外面是否有正在施工的工地？服务员是否忘记关包间的门，并在走廊大声喧哗？他们有没有将宾客的位置搞混？这些细节如果处理不好，会瞬间毁掉你的午餐会。在活动当天，你最好提早到场，和相关人员妥善沟通处理掉这些隐患。

规划时间

定好地点之后，就可以邀请他们参加了。找到一个20多个人都有空的时间不是简单的事，但是这里有些办法可以让这项任务轻松一点。我最喜欢的是“都到网”[①]（Doodle），网址是 http：//www.doodle.com。它可以为你提供多层次的日程安排选项，当你完成邀请设置后，就可以看到“可以”“不行”“也许可以”这三种回答之一。

① 译者注：国外某日程管理工具网站。

把活动的日期、时间和地点列成表，让每个人确认是否可以准时参加。要求他们在特定时间内回复（应该在48小时以内），并令他们知道你会在确定细节之后向他们发出正式邀请。

当你收到所有回复后，应当为每次活动聚集20人左右，然后将他们分成两组。活动时间应首要根据他们的空闲时间来安排，但是如果有人两次活动都有时间参加，那你就需要找些其他的标准出来，如按照行业或者社会地位分组，以保证每次活动的氛围活跃且和谐。

为客人做好准备

最终日期和时间确定之后，便可以向每一组人员发送正式邀请。确保邀请函里包含了简单的指南，让你的客人们知道，每人的发言时间是 5–7 分钟（可根据参加人数分配时间），并建议他们的发言包括以下主题的部分或所有内容：

- 他们的名字和从事的业务。

- 描述理想客户或业务机会。
- 最近的成功案例或者帮助解决的问题。
- 圈子里的朋友怎么识别他们的潜在业务机会。
- 哪类行业专家的客户与他们有重叠。
- 最近参加过哪些相关活动。
- 已经参加过哪些组织、协会、俱乐部等。
- 一些个人信息（家庭、爱好等）。

上述内容可以给予大家共同的话题，让所有人在整个午餐会中都处在同一个频道中。

便利联系

为了确保午餐会的预期效果，你需要对参会者的情况做些功课。因为之前你已经完成了筛选过程，所以对他们的基本情况以及他们需要的客户等事项，已经有所掌握。然而，在午餐会开始之前，你还得“填坑”，特别是关于他们的发言内容。他们对某项慈善活动有兴趣吗？他们打网球吗？你需要知道这些事情，当他们自己遗漏某些内容时，你可以适时补充，以便他们展示出需要表达的信息。

小贴士： 为了避免发言者超时，向你推荐使用一款APP——谈话计时器（Talk Timer）。我的平板电脑上就装了这款软件，发言者开始说话时我就会把它打开，放在他能看到的地方。时间充裕的时候，屏幕显示为绿色，当只剩下一分钟时，屏幕变为黄色，结束时则显示红色。这个APP可以让发言者随时掌握剩余时间，避免被别人中途打断。控制每个人的发言时间对大家都有好处，发言超过5–7分钟，注意力也很难再集中。此工具有效防止了这些问题。

在这些午餐活动中，我会把我的笔记放在每个人的面前。我建议你也这样做。因为当某人脱离既定轨道或者忘记了某些重要事情的时候，你能助其一臂之力。虽然你只是帮他们相互联系——而且你会得到回报——但是也需要管理好他们交流的节奏和内容。你要鼓励每个人积极地提出后续问题，并在他们需要增加内容的时候，适时地插话。最佳办法就是记好笔记。

每个参会者的发言都应该表明他们需要解决问题的领域。当你在人群中穿梭听到他们谈到可以提供帮助的确切时间时，一定要记下来。这些都是潜在的关系，你的工作就是推动这些潜在关系的实现。

润色，重复

主持完首次午餐会后，你要持续关注有哪些人在私下又见面了。圈子发展的早期，需要先行动起来，大家都是作为新朋友相互约见的。在调整你的邀请名单之前，需要确保每个人至少已经约见过一次。跟踪他们的联络可以帮助你安排下一阶段的午餐会，那时候你的目的就是让之前已经认识的朋友能再次沟通，加深彼此的关系。

几个月之后，等到他们的关系已经足够深入，你可以鼓励经常参加午餐会的老朋友介绍些圈子外的人加入。这些被推荐的人可能并不完全适合你的圈子，但是给你圈子里的朋友机会，令他们邀请最优质的客户和关系进入你这个 10 多人的小圈子，对他们自己和其他人都是有益的。

参加其他活动：合适的时间和地点

我确信已经传达清楚我的社交观了，即我不是喜欢随便参加各种大型社交活动的人。但是，有些情况下，你也可以充分利用这些活动，让你的社交有章可循。

如果有一场你必须义务参加的活动，或者那场活动将会有某个大人物的发言，你可以考虑邀请你圈子里和客户中的几位朋友一块参加。记住，这个策略所有的目的是为你目前的客户以及你的朋友增加价值的。有时候，这些大型社交活动，确实能实现这样的功能。

幸运＝机会＋准备

在我们的社交圈里，总有一些客户和朋友，我们非常想让他们相识，然而总是苦于没有合适的机会。大多数时候，我们都无法保证什么时候是合适的机会，所以经常是想想然后又作罢，因为我们害怕他们会不投缘。但是我们又知道他们的价值，该怎么做呢？我们举办一次活动就可以提供这样一种宝贵的机会。

如我圈子中一个关于注册会计师的事。黛比（Debbie）

是一位会计师，她的工作是与律师打交道。恰好我的客户查理（Charlie）是一名律师，他任职的公司给他提供了几种不同的养老计划供他选择，这正是黛比擅长的工作，所以他如果能和黛比合作的话，肯定比跟现在的会计师融洽的多。

有一个小问题：查理觉得他现在的注册会计师差强人意。也许他也认同黛比会是更好的合作伙伴，但是他现在的注册会计师在工作上一直勤勤恳恳。和大多数人一样，查理也不喜欢随便更换会计师。在这种情况下，不要强求查理，因为查理跟原来的会计师合作一直没有出现大问题。另外，如果你老是不断利用人际关系向对方施压，别人很快就会对你感到厌烦。

然而，如果我准备参加一场慈善活动，查理也恰巧同行，那么我会邀请黛比一起参加，趁机介绍他们相识。通过这种办法，我为黛比创造了机会，查理对她有了一定印象，为她与查理未来进一步合作做好铺垫。

切记，在你做类似事情的时候，一定要真诚，要从双方的利益出发，同时为双方着想。我这样做并非只为了黛比——当然也不期望她投桃报李，我是真的认为如果查理和黛比合作，查理的情况会更好。因为查理现在的会计师表现还不错，如果强行让他和黛比结识可能会适得其反。最好的办法是把主动权交给黛比，因为我相信她可以妥善处理与查理的关系。

很显然，这种情况下，你的愿望是你的朋友和客户能从相识一路发展下去，最终达成事业上的成功合作。但是，要知道你不能让所有事情按照你的想象发展。你唯一能做的，是为他们创造条件，希望他们已经为互相认可做好了准备。这就是非社交模型的核心。

那些忙碌而有权势的人

为你圈子中的人介绍你的其他一些更高层次的朋友认识，即使是大型社交活动也可以成为最佳场所。如果你和我的情况差不多，那么在你的社交圈里可能也会有一些有权势和影响力的朋友。这些人都很睿智，是各自行业和团体内领袖式的人物。他们和其他大多数牛人一样，都背负着伟大的人生目标。每个人都想在社交活动中认识他们，然而靠近他们的人其目的基本上都是开拓业务。

幸运的是，对你和你的非社交关系网来说，当你接近这些人的时候，情况会有所不同。他们已经对你有所了解，并且信任你，所以当你提出为他们引荐朋友的时候，他们的接受度会更高。你是他们挑选的朋友，所以你的引荐和平常的引荐是不同的。

一般情况下，当别人让你介绍时，通常不会给你太多时间，他们可能是意图换掉供应商，想看看这个人有没有可以推荐的。你的客户或者圈子成员，可能就是他们需要的那个供应商。你很想帮助他们，但是不能每次有人需要帮助的时候，都向你的高价值朋友发送电邮，寻求他的引荐。你得尊重他们的时间，这是唯一可以使你们的关系保鲜的方法。

当我收到这些请求，认为这件事对双方都有好处，那我就会告诉我的客户 / 圈子成员等待下一场大型社交活动，因为我知道对方肯定会去。活动正式确定之后，我会告诉他们，并鼓励他们积极参加，届时再做面对面的介绍。

当你有这样一位有权势的、声誉崇高的朋友，你会常常想在他面前推介别人。电子邮件剥离了信息中的声音和情绪，许多大人物通常将电子信箱委托给他人管理，这意味着你的邮件可能不会直接被这些大人物看到。所以，大型社交活动上面对面的推介有一定优势：一是你传递出的对某人的感情是可信的。二是可以预期，这些大人物可能更容易相信你的话。三是作为他信赖的人，在这些社交活动中你就是他的避风港湾。

自己举办活动

如果你和我一样，对当下各种冗长乏味的社交活动兴致缺缺，那么可以考虑自己举办几次大型的聚会。自己举办聚会，可以自己定参加聚会的人选，不用担心是否能在聚会上遇到对的人，也不用一直等待，只能趁其他人有空，你才能凑上去交流几句话。下面，我要列举一个朋友黄天（Tien Wong）的事迹，告诉你自己举办聚会的强大力量。

黄天是华盛顿市区的一位传奇式的企业家和投资人。

他现在是手机内容管理软件公司 Tech2000 的 CEO。他的履历充满了令人欣羡的成绩，然而我要强调的是，黄天自己举办过很多活动和聚会，为他的客户带去了巨大的价值。

黄天是个天生的活动家，他热衷于把圈子中的客户、合伙人、潜在客户、潜在合伙人等拉到一起。他举办的聚会五花八门，有纯男士的品尝雪茄、牛排和苏格兰威士忌的聚会，也有一些非常有针对性的风险投资方面的聚会，会上业界精英对缅因街到华尔街的最新动向畅所欲言。

如果大家在谷歌上搜一下，像 Tech2000 这样的软件公司一抓一把。但 Tech2000 的领导人是黄天，这就是它的竞争优势，黄天由衷地喜欢把你和你的公司与一些思想家、潜在客户联系在一起，还带你品尝上等苏格兰威士忌，你说你还会选择与其他公司合作吗？

显然，如果黄天初衷不是乐于助人的话，这些活动不会发挥出这么大的作用。如果 Tech2000 不是“单项优势”软件公司的话，这些活动也不会发挥作用。但是对黄天来说，这些活动打破了他和主要竞争对手的关系，正是因为他在餐桌上为与会人员带去的附加价值。

但对很多人来说，举办一场聚会非常复杂。另外，预算也不允许。这是人之常情，不必担心，因为我还有另外一个好方法供你参考：你可以在一场活动中，自己组织个小组。

我们参加各种活动，只为了支持一些我们非常喜欢的客户和慈善团体，如拍卖、晚宴、颁奖典礼、会议等。我认为“组团”参加这类活动才能更高效。（将在第八章继续介绍利用各种社交活动的方式。）无论是在拍卖中拍下一个桌子，还是发起高尔夫四人小组赛，首先要想好你如何利用邀请函，创造有潜力、有意义的联系。我在出席很多活动的时候，都邀请很多像“查理（Charlie）”和“黛比（Debbie）”这样的人一起参加。最差的效果不过是Charlie非常感谢你的好意而已，而最好的效果却是查理和黛比建立了很好的合作（他们两人都会因此感谢你）！

至此，你大概对“活动”有了一些新想法，活动主要分为两种，一种你是组织者，一种你是出席嘉宾。现在，我要引入一个新话题，也是你接下来要考虑的一个问题：你在活动中遇到某人或某些人，在活动结束后，当你并没有一个完整的、深思熟虑的方案与他们保持联系时，你仍然是在浪费时间。

第七章 成为我的盟友吧！

社交无用
Networking Is Not Working

人们随时都会失去宝贵的关系和机会，因为他们现有的社交策略（如果他们有的话）缺乏团体的概念。

当在发展有意义的、长久的职业关系时，有一点非常重要，就是让人们记住你。当你与别人建立联系时，即使那人非常真诚地想帮助你，但当时也极少会有合适的机会。当6个月后，机会真的出现了，他们还会记得你吗？他们知道去哪里才能找到你吗？

大部分人在认识别人后，无法保持有效的联系。维持关系毕竟是双方的事儿，即使你能做到这一点，对方也不一定能做到。当遇到这种情况的时候，该怎么解决呢？

保持跟进

社交中，虽然在建立关系时开了个好头，但不保持跟进也是在浪费时间和机会。如果这种情况发生在你自己的社交圈中，结果会更糟，一定要避免这种情况的发生。

在第一次举办午餐会的时候，我也遇到了这个问题。午餐会的气氛特别活跃，大家有说有笑，我好像看到各种“关系”和“机会”在餐桌上飞来飞去。5 天后，我跟参加午餐会的那些人联系，惊讶地发现他们基本上都没有跟一起吃饭的人保持联系。我觉得很沮丧，因此决定给他们点儿小激励。

参加午餐会的时候，我很用心地做了笔记，上面标明了我认为谁有可能对谁有帮助。我一次性地连发 30 多封邮件，把互相有点关系的两个人再次联系起来。邮件内容大概是："里克（Rick），我写这封邮件是想看看你是不是跟吉尔（Jill）联系了。她在吃饭的时候说过要向那家你想加入的 ×× 公司的 CEO 引荐你吗？"

结果非常惊人：大家又敲定了 15 次以上的跟进会面。其中有三次潜在客户会面，还有三人雇用了圈子里的人！

这种方式非常重要，有助于在你的圈子成员中形成一个团体。通过这件事，我明白了即使最有上进心、最心怀善意的人，在跟进关系上，也需要助推力。一旦人们看到他人都愿意提供帮助的时候，他们才会更加意识到圈子的价值所在——我没必要在接下来的午餐会中投入那么多。

更妙的是，因为他们是接下来会面的主角，并且知道我才是他们关系的"红娘"。之所以午餐会和圈子会产生积极作用，是因为我专注地为自己的小团体增加价值，确保他们的联系产生有益的结果。他们也会因此更信任我！

如果你继续跟进在午餐会上发生的谈话和互动——到目前为止你已经知道要做什么了——你就能事倍功半地为你的圈子增加价值。推动深入的联系，自始至终关注圈子成员联系的进展，其实只需要发送个提醒邮件而已。酌情措辞，列出清晰的行动步骤，这些有助于巩固关系，带来机遇，但也最容易被忽略。另外，我还要推荐一些节省时间的小窍门，毕竟对大多数人来说，机会不会主动找上门的。

增加参与度的小窍门

即使你挺擅长维持与大客户的关系与联系，但你圈子里的人很可能不会跟你一样有条理。人类本性如此，即使最优秀的人也会有缺点。虽然你在参加活动或会议时跟某人沟通过，但你能保证机会来的时候，他能想到你吗？如果他真能想到你，他知道去哪儿找你的联系方式吗？他在找你联系方式的时候麻不麻烦？如果不麻烦，那就没有必要再制定专门计划跟进会面了。

我最初组建自己圈子的时候，不得不拿出大量的时间用在制定跟进计划和规则上。幸运的是，现在有很多服务可以帮助你节省时间，让事情变得简单。即使你没有组建正式的团体，也可以使用下面的各种服务，与你的小圈子成员保持联系。

SANEBOX：一般情况下，我们发邮件都想得到回复，但是很多时候都是石沉大海。有一款软件 SaneBox 非常好用，它里面有很多功能，可以协助我管理所有需要回复的邮件。全自动管理，名副其实的“交钥匙工程”。

每当写邮件，把圈子里面的两人联系起来的时候，我就用 SaneBox。假如几天过后，收件人还没有回复另外一个客户的时候，软件就会自动发邮件提醒他。SaneBox 成功挽救了很多关系和业务，我自己都数不过来到底有多少次了。

CONTACTUALLY：以前，我跟圈子里面的人保持联系，总是用最原始的手动输入的方法，把我的电子邮件通讯录和客户关系管理软件联系起来，费时费力。后来发现有项服务叫作 Contactually。这是一款邮件整合工具，可以按照联系频率对通讯录的联系人进行分组管理。

举个例子来解释。假如你要每 14 天与圈子成员联系一次，你创建一个分组，命名为“成员”。然后，Contactually 会在领英和微博等社交平台上查找你的邮件人，如果你没有在设定时间内联络那些人的话，Contactually 就会给你发送一封提醒邮件。除了把社交圈子成员加到 Contactually 里，我还建议把你的客户和潜在客户也加入到专门的群组，放进 Contactually 里。你的关系群至少可以分两组：一组是给你付钱的人；另外一组是未来可能会给你付钱的人。

NEWSLE：Newsle 是专门追踪新闻人物的全新平台。注册之后，系统自动导入你的 Facebook 好友和领英联系人的信息。然后，你再导入其他相关联系人的信息，如选择关注各大公司的 CEO、潜在客户或者其他你感兴趣但是无法直接取得联系的人。如果系统找到有关你或任何你之前指定人的文章，在文章发表后几分钟或几小时内，你就会收到提醒邮件。

虽然我用 Newsle 的时间不长，但我深刻地感受到它的巨大威力。我在 Newsle 上关注我的客户和其他朋友，他们知道后都非常高兴。有一次，我在 Newsle 上看到一位女士得奖的信息，在我们见面的时候，我特意祝贺她的成功，然后引出了一段非常深入的谈话。之后，她竟然成了我的客户。如果你想深入了解我如何利用这些工具的话，请点击：WWW.DEREKCOBURN.COM/BOOKTOOLS

在线社区

当你和另外一二百人一起参加某个大型商业聚会时，肯定不可能跟所有与会人员都建立联系，更别说与高端的客户和合伙人确立关系了。即使你很幸运地认识了少数几位不错的人，但以后怎么发展也是非常模糊的。最初的火花只能换来几封干巴巴的邮件而已。这也是导致社交失灵的重要原因之一。

另外，绝大部分销售拓展和社交群体仅提供线下会面。

之后如何发展，就只能靠自己了。你可以通过一些社交平台，如微博、领英和脸谱网等，弥补线下交流的不足。很多你有关系（或想与之建立关系）的人都会上网，以上这些社交平台都是大家经常上的。

你应该组建一个专门的线上沟通群，方便圈子成员沟通。在所有人的业务和生活中占据中心位置，这一点非常关键，而且从长远看，会给你带来不可估量的宝贵价值。

很多线上平台都有这种功能，如 Google+ 上的社区，领英的朋友圈或脸谱网上的朋友圈等。你可以问问圈中好友他们平常都用哪些社交平台，然后在他们经常使用的社交平台上建立群组。如果所有人都有脸谱网的账号，那就选择脸谱网建组。这样不仅利于圈中好友保持联系，而且所有人都可以把圈中好友的活动信息分享到其他的社交圈子。

使用哪个社交平台并不重要，关键要让圈中好友线上联系更加方便快捷，即使他们不在同一个区域，也能随时随地保持联系。但在你选择社交平台之前，首先要考虑一些重要的功能（至少具备以下功能）：

- 制定日程和推送活动的功能
- 问答、反馈、讨论论坛
- 可以写博客和文字并分享的功能
- 与其他人直接联系的功能

统一的线上交流群非常必要，能大大增加社交圈紧密度和利用价值。如果你的圈子够大，也可以考虑建立一个自己的社交网站（我过去建过一个），不过我建议你现在还是老老实实打好基础，先从推荐的社交平台开始做起。

第八章
你我携手共赢可好？

社交无用
Networking
Is
Not
Working

如果你把大把的时间用在帮助别人上，对你自己有什么好处呢？那可是相当多。前提是尽可能地简化他们帮你的方式。你把一批职业精英汇聚到一起，花费时间和精力跟他们保持联系，给他们增添了很多价值，带去了机会和业务，帮他们赚了更多钱，联系上更多的客户。最重要的是，你让他们的私人生活和职业生涯都更上一层楼。

如果他们中一些人在临睡前记着你的帮助，思考他们应该如何回报你的话，那你可真是太幸运了。不过这种情况发生的概率很小。他们也不会专门在周五下午挤出 30 分钟，从通讯录里给你找潜在客户。有一点是明确的，他们也都想互惠互利，只是还没有像你那么专注。

在这一阶段，为业务增加价值的方式是积极主动地引发持续的互利互惠。我并不是让你直接向其他人提出要他们引荐你，尤其不要给圈中好友发一封甜言蜜语的邮件，要求他们这么做。你把这些人联系起来的主要目的并非为了要他们引荐，所以，如果这么做只会让你之前的工作前功尽弃。

要想持续的互惠互利，后面有一些技巧和建议供你参考。

让一切唾手可得

如果对潜在客户来说，了解你和你的业务的唯一方式是面谈的话，那么对那些想推荐你的人来说太困难了。你必须要给他们提供触发事件（我对我的私人教练就是这么做的），一定不要局限自己，主动创造不同的机会，进入他们的雷达范围。

此时，如果正好有人需要你擅长的业务的话，你的最佳顾客和圈子里的人一定非常乐意推荐你。然而，如前所述，这种情况很少见。现实情况是，绝大部分潜在客户都不知道你的存在。我希望你能进入这个市场，以我个人的经验判断，你的社交圈子一定能帮助你达到这个目的。

邮件介绍方便快捷

尤其在你的圈子刚开始成立，并逐渐良性发展的时候，大家的交流更加频繁，这时总会有人提出要用邮件介绍你跟别人认识。虽然他的初衷是好的，但别抱太大希望。我们都曾经历过这个场景：他主动说："改天介绍你们认识！"。但是你等来等去也没有看到他发来的邮件。

为了提高效率，应该让客户和圈子成员更方便地用邮件，把我和其他顶尖的咨询顾问联系起来。我做了一份非常完美的邮件模板，屡试不爽。在邮件里仔细介绍了我的业务，真是帮了那些超级大忙人的忙，他们再也不用费力给别人解释我到底是做什么的了，我真的收到了立竿见影的效果。

事实上，这个方法也适用于你圈子中的关键成员，一样实用。所有成员都知道推荐新成员非常有价值，他们也乐于伸出援助之手。过去我每月能得到5–10次高质量的引荐，这个频率非常不错，但是我很清楚，还有更多的潜在客户有待发掘。

我每月发一封邮件，让他们帮助我建立与新成员的联系，邮件附件是我准备好的自我介绍的模板。他们需要做的仅仅是复制、粘贴附件内容，然后发给目标成员。结果如何？当月，我收到60多封引荐邮件！这可不是因为客户比以前更信任我，而是因为我简化了他们帮我的方式。

博客／电子时事新闻

如果你还没有常用的博客或者电子邮箱，那现在就着手开通吧。特别是如果在你的业务中信任非常重要，你将不得不花费很长时间才能建立起这种信任。我从没遇到过在初次与我见面之后，就马上决定将他的资产托付给我公司的人。

令潜在客户对你建立起信任，一场免费午餐和礼貌友善的笑脸是远远不够的。通过某个常用的交流平台，与那些杰出的专业人士分享知识，可以帮助你跨越信任障碍，并最终达到互利互惠。他们对你的信任会被强化，而且这种信任还能轻松传递到他们的社交圈中。

警告：如果你发送时事新闻[①]，所提供的信息必须有用、有关、有趣——一定不要公开推销。用邮件堆满别人的收件箱，有百害而无一利。

① 如果你对开博客或推送时事新闻比较感兴趣，并且对现在正在使用的软件不太满意，可以试试马库斯·舍里丹（Marcus Sheridan）创办的 The Sales Lion（http://www.thesaleslion.com）。在这里，你不仅能有效的分享有用信息，让自己更有竞争优势，还能从其他渠道（如谷歌等）吸引更多相关的潜在客户。

客户答谢活动

主办活动是为你当前的社交圈子增加价值的好方法。因为这些活动对大家都是互利互惠的，所以这也成为与潜在客户相识并发展关系的有力渠道。

从前些年开始，我每季度组织品酒会。第一年，我就因此获得了将近 15 万美元的收益。所有收益都来自一些初次相识的朋友，他们皆因参加我的某场品酒会而结识。你也可以效仿我的方法。

显然，这些聚会会为我带来很多新朋友，但实际上举办这些活动的首要目的是为了我当前的客户，我知道他们一定会喜欢。我把品酒会当成客户答谢会，而不是一场营销活动，尽管活动本身在这两方面都会起到作用。

我会在高档酒店预定好私人房间，并为客人们奉上最香甜的美酒和食物，而且保证会把所有在场的人都介绍一遍，也要求客户和战略伙伴邀请一些合适的朋友来相互认识。唯一的请求是：他们必须享受美酒，保证不在这种场合做产品推销。

但我会做一场简短的理财相关的发言（10–15 分钟），之所以这么做是因为：一是站在中心舞台上，大家才会知道组织这场活动的人的名字（也就是我）。二是这是个机会，是可以向我的客户和他们的朋友提供有价值的建议。三是我的专业才能可以得到展示。这套模式，无论你从事哪一行业都可以借用。

记住，大多数你的客户和圈子里朋友邀请过来的人，此行的目的并不是准备雇佣你。在我的例子里，很多人对他们当前的理财顾问非常满意。也就是说，只有当我与他们分享的信息或者策略得到他们共鸣的时候，他们才会想到“为什么我现在的理财顾问没告诉我这些……为什么他们不邀请我参加品酒会。”

对我来说，一场活动中通常至少有 50% 的非客户会主动向我打听我公司的情况，想看看我能不能帮到他们。记住，假如这些没有发生（虽然我打赌肯定会发生），你的活动也应该被认为是成功的。即使你没有签到新的客户，但你现在的老客户却度过了美妙的一夜，他们见到了很多很酷的新朋友，而且还有机会与老朋友们畅聊一番——这全是你带来的。

把你的客户和团体放在聚光灯下

凯西·阿尔瓦拉多（Kathy Albarado）是太阳神人力资源公司（一家著名的从事人力资源管理咨询和雇佣的企业）的 CEO。她举办一年一度的“阿波罗奖”活动，该项活动旨在表彰那些人力资源管理杰出的企业（凯西创办以来，规模一直在扩大）。但是请注意，被提名的公司都是凯西让自己的客户和圈里的朋友推荐而来的。

通过阿波罗奖，凯西给予了自己圈子里的朋友一个机会，令这些人可以提名各自的客户角逐这项著名的奖项。谁不想通过获得该荣誉向别人证明自己管理员工的能力?而且透过这件事，所有的参加者都会看到凯西的工作热情，体会到太阳神公司的与众不同。

如你所想，如果单纯从太阳神公司业务开拓的角度看，阿波罗奖活动受到的褒奖确实太多了。像这样的活动，从来就不该表现出或者事实上为某种商业技巧。这也是为何太阳神公司从“合作”，而不是“竞争”的角度，来定义该项活动。他们的评委团独立决定最终的优胜者，为了取信于人，太阳神公司的竞争对手常常获奖。

你也想在你的客户或者雇主所在行业创设一个奖，以表彰其中的杰出个人或企业吗?你要确定的是像凯西一样，保证活动公正、公平、公开，只把荣誉颁发给实至名归之人。

保持创造性

当你成为连接器，你为他人以及自己创造价值的机会将会无穷无尽。我使用过很多可以同时令双方都受益的方法。

三合一

过去如果想组织一场四人高尔夫球赛或者手上刚好有四张棒球赛的票，我会邀请三位我最好的客户一起参加。虽然这可以加深我和这些老客户的关系，但是从认识新朋友的角度看，效果不佳。

一天，在一个偶然情形下我需要用这些活动机会，去认识我客户的其他朋友。所以我只邀请了一位客户，然后让他将其余两张票给他将要邀请的朋友。而最终的情况是这样的：

传统计划：客户 1、客户 2、客户 3

3 合 1 计划：客户 1、潜在客户 1、潜在客户 2

我告诉客户，如果他们邀请他们的朋友，而且这些朋友很适合成为我的客户的话，那非常欢迎。但后面这部分要求不是必需的，而且也不重要，最重要的是我的高端客户感到舒服，他们能玩得开心。毕竟如果是你出去玩的话，你愿意和谁结伴？是你理财顾问的两个客户，还是自己的两个客户或者哥们儿？

很快我发现，这种情况下所有人都能受益！你的客户当然很高兴（如果他们邀请自己的客户，还可能接到额外的业务），你也得以认识两个新的潜在客户。你的客户会因此极力推销你，为你的能力和专业做担保。即使没有得到实际好处，我也增加了价值。因为大多数情况下，和别人共处四个多小时起码会为你赢得后续互动的机会。

如果没有和客户在非工作环境下的互动，你实际上损失了进一步加深你们关系的重要机会。既然已经知道这么做的好处了，你就没理由不自己开发这样的活动了。

首先要明确谁是你的最佳客户，你是否了解他们，如果你还不太了解，那就搜集更多他们兴趣爱好方面的信息。从这些信息出发，构思出一个活动方案。如果你足够勤奋而且不带有任何私人的话，也许会有更多的人需要你的服务，这时你可以选择只和你合得来的客户合作。这就是最高阶段——工作不再是工作，完全是一种享受。

结队约会

在专业的社交理论中，“结对约会”是指在参加外出活动的时候，将另一名圈子里的人也带进来。原则上和上文所述的三合一相同，只是绕了点弯。

当你再有四张棒球票的时候，可以邀请一位战略伙伴一起参加（或者圈子里的某位成员）。然后，再邀请你社交圈的另一位朋友，这位朋友是你认为你的战略伙伴应该结识的人。与此同时，让你的战略伙伴如法炮制，也邀请一位他认为对你有帮助的人一块参加活动。

此种安排扩展了你的商业关系网，同时也让其他人得以结识你社交圈中的朋友。你可以对你圈子里的成员循环使用该策略，并鼓励他们和你一起这么做。

晚餐派对

晚餐派对并非只是和各种职业的朋友吃吃饭那么简单。这项社交活动一直对我非常重要，所以我认为有必要与你分享。你可以同时邀请朋友和客户小聚，甚至可以尝试"三合一"或者"四人约会"，把大家约到一起。你用什么方式或者找什么借口都不重要，重要的是能把他们中的一个约出来。那些超级大忙人可不会因为简简单单一个借口就与你围坐在一个餐桌旁的。[①]晚餐正适合大家交流感情，千万不能错过为自己创造价值的好时机。

① 如果你想把晚餐派对办起来，建议你看一本免费的电子书，它由 Project Exponential 的创始人迈克尔·韦尔奇（Michelle Welsch）所著，书名是《主持一场让每个人都开口说话的宴会》。

万万不可为

如果你邀请客户带着他们的朋友参加无论何种社交活动（高尔夫、晚餐会、品酒会等），一定不要绕过你的客户，直接跟他们的朋友联系，这是社交大忌。

或许有时候直接跟客户的朋友聊天更合适，但这时候一定要非常谨慎。友好融洽的交谈也无伤大雅，不过别只为了打听喜好才和他们聊天。你可以从客户那里了解其朋友的兴趣点，但之后也尽量不要问客户，你是否能在活动之后直接跟他的朋友联系。这样很容易让客户怀疑你的动机，进而影响他对你的信任。不管用什么方式越过客户直接与他的朋友联系，都会让你们的关系变得很尴尬。我认为你可以做的是问候客户，他和他的朋友在活动中是否愉快。其他无须赘言。通常你这么问，客户就会自然而然地从侧面观察他的朋友跟你在一起是否开心，他们是否想再次与你联系。让他们主导这段关系会更好，你适当地跟进，就可以了。

一定要记住，你组织活动的初衷并非为了接触客户的关系圈。假如你的客户和他的朋友们正好在活动上过得很愉快，而且又恰好回馈给你一定价值，这确实是好事。但一定要让事情水到渠成才好。尤其重要的是，你一定要保持耐心，专注为你现有的客户和战略合作伙伴创造价值。

另外几点建议

在本书的结尾，我想感谢你能给我这次机会，为你服务。至此，你应该意识到，随意参加比较大型的活动并不是有效的社交。无论你想把全部连接器过程付诸实践，还是只试用一两个策略，我都要恭喜你，你现在比别人多了很多实用工具，来建造你自己的社交世界。如果你之前参加过的某项活动再邀请你的话，不要去浪费时间了，把宝贵的时间用在实践这本书建议的社交策略上吧。你可以跟客户多聊聊天，了解他最喜欢的活动或者带着你最好的客户和他的几个好友，去看场棒球比赛，奇迹总是在不经意间发生。你需要做的只是不要把时间浪费在毫无意义的社交活动上，而要用在为你的客户和他的朋友创造价值和分享经验上。

通过专注于你的“客户”，“开门迎客”，“成为核心”，有效地利用“活动”，培养“团体”并“持续的互惠互利”，你一定能组建起自己的核心圈子，将得到比普通社交圈更多的东西。

如果你遵循连接器过程，就可以组建一个非常有积极性的小组，各种职业的成员都相当看重与他人联系和帮助他人的重要性。这不仅会让你和客户的关系更进一步，还能为你吸引更多客户。不过，随着完美关系在质与量上的增长，你的业务和生活也会出现质的飞跃。

额外福利

你现在能用更有意义、更高效的方式，创造你的社交网络，这让我非常高兴。本书涵盖了丰富的信息，帮助你将连接器过程付诸实践，另外，一些清单和模板已经上传到 www.derekcoburn.com/bookresources 上面，欢迎下载。

世界还在发展，商界领袖们也在不断积累社交经验，他们源源不断地把新的高效方法上传到网络，供你参考。我也会在自己的博客 www.derekcoburn.com 上分享经验和教训。快加入到我的社交圈子吧，成为我们的一分子。

假如你按照本书的建议去实践，我愿意随时提供帮助，我也会很高兴听到你分享的实践心得。把你的反馈、想法和问题告诉我，这是我的邮箱：dcoburn@derekcoburn.com。

你将是下一个社交能手，还等什么呢?

致　谢

我能完成本书的撰写工作，离不开各位朋友的帮助与支持，由于篇幅有限，我在此只能列举其中我最感激的人：

首先，我非常感激我的太太梅勒妮（Melanie），她不仅是我的密友，也是我在这个世界上最信任的人。这是我第一本著作，必须承认，最初我对写书毫无概念。我用长达两年的时间写完这本书，在这两年中，我情绪很不稳定。她没有任何怨言地容忍我、支持我，还承担起照顾三个可爱男孩的任务。

其次，我要感谢我的好朋友雅尼克·西尔弗（Yanik Silver），是他在两年前激励我撰写本书。

感谢克里斯·布罗根（Chris Brogan），他在与人交流方面非常出色，是我们学习的典范。另外，他还给本书写了精彩的序言。

感谢塞丽娜·波特（Serena Porter），她是我最得力的助手和诚恳的朋友。

感谢尼尔斯·帕克（Nils Parker），他真是超一流的语言大师，在他的编辑和修改建议下，我才更顺畅地表达了我的想法和观点。

感谢我所有的朋友，他们作为本书的第一读者，提出了很多有用的建议，激励我完善这部作品。感谢阿兰·格兰泽尔（Alan Glazier）、克里斯申·基尼斯基（Christian Genetski）、伊安·埃尔特曼（Ian Altman）、杰克·科尔勒斯（Jack Quarles）、詹姆斯·奥图彻（James Altucher）、杰·格林斯汀（Jay Greenstein）、杰·斯坦福（Jay Sanford）、乔·迪诺伊（Joe DeNoyior）、凯西·阿尔巴拉多（Kathy Albarado）、拉什·巴斯卡（Raj Bhaskar）、里奇·波曼（Rich Berman）、罗特·巴葛瓦（Rohit Bhargava）、斯科特·

迪迦马力诺（Scott DiGiammarino）、索尼·吉尔（Sonny Goel）和提姆·休斯（Tim Hughes）。

感谢我的客户和我社交圈子中的主要成员，他们教会了我很多，让我不断积累经验，获得前进的动力。

感谢那些对我有所启发的思想家和作家，尤其是赛斯·戈丁（Seth Godin），他在每日随笔中提到了很多关于“社交经济学（Connection Economy）”和“实干家（Just Ship It）”的主题（这些主题就好像专门写给我的一样），在我最需要的时候，他的文章帮了我大忙。感谢斯蒂芬·普莱斯菲尔德（Stephen Pressfield）和他的书《艺术的战争》和《任性去做》。我每天在去工作的路上都要听一下这两本的选段，这个习惯一直持续了6个月。

最后，我还要感谢我的父母，他们毫无条件的爱我和支持我。